空の水族館

水族館の魚やイルカはいつまでもみていられますよね。周りの人は水槽をのぞいて「きれい!」とか「ふしぎ!」とか、歓声をあげています。ときどき「おいしそう」とつぶやく人もいます。私もその泳ぐ姿にひかれるのですが、それは水の中でとんでいるようにみえるからです。

例えばペンギンは「とべない鳥」ですが、私の頭の中では快調にとぶことができます。クジラとイルカは海からはねあがることがありますが、本当にとんだらどんなにすてきなことでしょうか? 優雅なウミガメがゆっくりと雲の上を泳ぐ姿をみてみたいと思いませんか? みたいですよね、私もです!

私は子どものころから紙飛行機をたくさんつくってきました。おり紙だけではなく、紙をきったりはったりして、いろいろな形の紙飛行機をつくってとばしています。本物の飛行機をみたら、どのように紙をきったらそっくりにつくれるか考えます。ふしぎな形の飛行機を思いついたら、どのようにつくったらとぶか考えます。そんな私が水族館のいきものをみると、紙でつくってとばしたくなります。

この本はその夢を形にしました。いろいろな水のいきものを紙で再現して、よくとぶ紙飛行機にしました。本の部品をゆっくりていねいに組み立てれば、あなたもクジラやペンギンが空をとぶ姿を本当にみることができます。

さあ、つくってとばそう、自分だけの空の水族館!

アンドリュー・デュアー

とばし方のきほん1

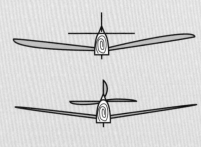

とばす前

紙飛行機はちょっとしたコツでとび方が大きく変わります。
遠くへとばすために、事前に必ずチェックしておきましょう。
主翼、尾翼、胴体などのくわしい説明は、この本の最後のページで読めます。

① ゆがみを調整する

完成した紙飛行機をとばす前に、正面からよくみて、ゆがみがあれば直しましょう。主翼、尾翼、胴体の背中などをやさしくつまんで、ひねりながらまっすぐになるまで調整してください。

× 主翼がねじれています。

× 水平尾翼と垂直尾翼がねじれています。

○ ちょうどいい!

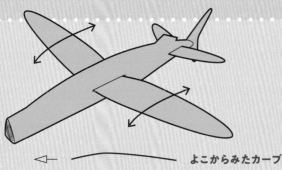

よこからみたカーブ

② キャンバーをつける

紙飛行機のうく力は、キャンバーとよばれるもり上がった翼の形からうまれます。主翼の紙を上の図のようにかるくカーブさせてください。

ウミガメ（p.35）とマンタ（p.37）の場合は、翼のヘリだけを少し下げます。

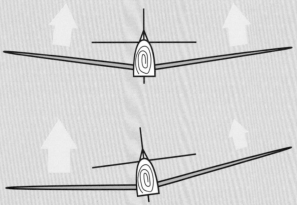

③ 上反角をつける

飛行機の主翼は少し上へ向いています。これは上反角といわれ、飛行機を安定させるために大切です。機体が傾いたとき、より水平に近い翼の揚力が強くなり、両方が等しくなるまで姿勢をもとにもどしてくれます。機種によりますが、上反角がないと、飛行機はカーブして地面につっこむことがありますので、つくり方の説明にしたがってつけてください。

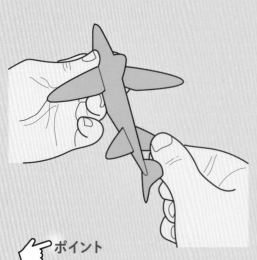

👉 ポイント

紙飛行機を外でとばしていると、空気の水分をすって曲がることもあります。とばすときにときどき確認してゆがみを直してください。

とばし方のきほん2

本番の前に、テスト飛行をしてとび方を確かめましょう。
それぞれの紙飛行機の特徴にあわせて調整するとおもしろいですよ。

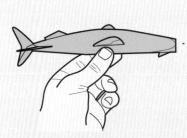
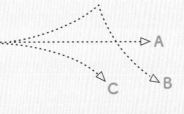
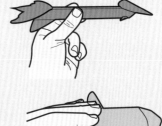
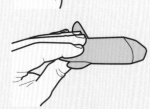

❶ 進み方をチェックする

カーテンなどに向けて、なめらかにとぶように、まっすぐ前にそっと投げます。とび方をよくみてください。BとCのようにとぶときは、Aのようにとぶまでテストと調整をくりかえしましょう。

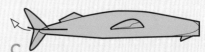

A ちょうどいい！

B 失速を直すために、水平尾翼の後ろを少しずつ下へ曲げてみてください。

C 急降下を直すために、水平尾翼の後ろを少しずつ上へ曲げてみてください。

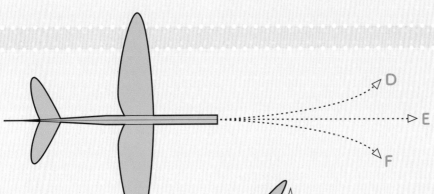
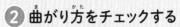

❷ 曲がり方をチェックする

左右に曲がるときも下の方法でテストと調整をくりかえしましょう。

D 左旋回を直すには、垂直尾翼をわずかに右へ曲げて、左の翼端を下げ、右の翼端を上げます。

E ちょうどいい！

F 右旋回を直すには、垂直尾翼をわずかに左へ曲げて、右の翼端を下げ、左の翼端を上げます。

☞ ポイント

垂直尾翼がないイルカ（p.31）やクジラ（p.33）などは翼端と片方の水平尾翼で直します。水平尾翼もないマンタ（p.37）とタツノオトシゴ（p.39）は片方の翼端だけで調整してください。図のように調整すれば右に旋回するようになります。

もっと高くとばそう

この本の紙飛行機は、工夫次第で遠くまで数分間もとぶことができます。いきものたちをまるで海の中で泳がせるように、ぐんぐん空にとばしてあげましょう。遠くにとばせるととても気持ちいいですよ。

手で投げるとき

安定したもち方

親指と薬指で機首をささえる

人差し指と中指で後ろから押しだす

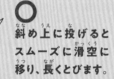
欲ばって高く投げると、そのまま失速して落ちることが多いです。

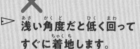
斜め上に投げるとスムーズに滑空に移り、長くとびます。

×
浅い角度だと低く回ってすぐに着地します。

うでと足を大きく伸ばしきり、スムーズに投げるとよく上がります。ボールを投げるようにスナップをきかせると、クルッと回って落ちます。斜め上に投げると最も効果的です。

ゴムカタパルトでとばすとき

わり箸やえんぴつなどをきった10cmほどの棒に、約50cmのゴムをむすんでカタパルトをつくります。ゴムは模型屋さんなどで手に入ります。

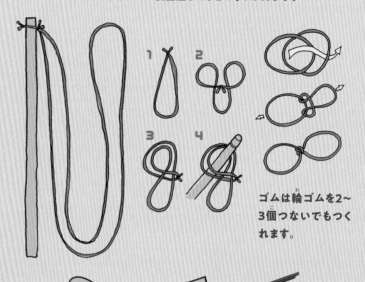

1 2 3 4

ゴムは輪ゴムを2〜3個つないでもつくれます。

フックにゴムを引っかける

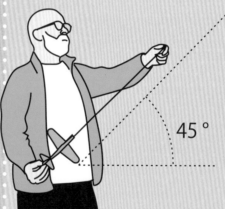

45°

飛行機を水平から45°上へ、そしてよこにも45°傾けるとベストです。飛行機の胴体の後ろをもって引っぱります。いきなり強くとばすのではなく、やさしく引いてとぶ軌道をみてから少しずつ強くしていきましょう。飛行機がぐるっと回って地面につっこむときは、カタパルトと飛行機のもち手を逆にしてみましょう。

とばす場所

公園や校庭など、なるべく広くて自由に使っていい場所でとばしましょう。100m四方以上の芝生のある原っぱが最適です。風の弱い晴れた日にゴムカタパルトで高くとばして楽しんでください。飛行機は旋回しながら風に流されるので、とばすたびに風上にもどりましょう。

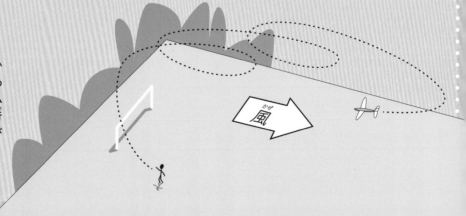

風

上昇気流をつかまえよう

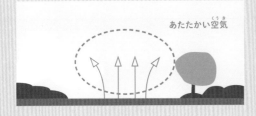

あたたかい空気

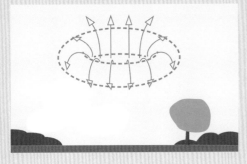

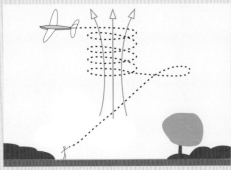

風の弱いあたたかい日には、芝生や公園の上に上昇気流ができます。上昇気流とは、空にのぼっていくあたたかい空気の流れのことです。紙飛行機の下がってくる速さが上昇気流の上がる速さよりゆっくりしていれば、空気と一緒にのぼって数分間とびつづけることができます。ときには飛行機が上がりすぎてみえなくなることさえあり、愛好家はこれを「視界没」とよんでいます。飛行機がなくなるのは悲しいけれど、それと同時に空に認められたと思って喜びを感じるのです。

後ろからみると

👈 ポイント

トビウオやクジラ、シャチなどはかなり長くとぶことができますが、そのために高く上げる必要があります。きれいに滑空させるためには尾翼の後ろのヘリを少し上へ上げます。そうするとカタパルトから発射するとき宙返りするかもしれないので、それを防ぐために、尾翼の内側をわずかに下げてみてください。

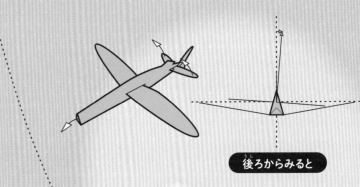

後ろからみると

👈 ポイント

紙飛行機が旋回しないと、どこかへとんでいくかもしれません。自然に旋回することが多いですが、そうでないときには水平尾翼を少し傾けてみましょう。水平尾翼も揚力を少しうんでいます。その揚力は尾翼と直角にはたらくので、傾けると揚力は上だけではなく、わずかによこに引っぱります。その引っぱりが飛行機を旋回させます。

安全上の注意

とばすときは必ず注意をよく守ってください。外でとばす場合は、帽子やサングラスをつけるのがおすすめ。熱中症にも気をつけましょう!

木がある
場所をさける

電線がある場所
でとばさない

道路や車のある
場所でとばさない

人に向けて
とばさない

動物に向けて
とばさない

かざり方としまい方

できあがった飛行機を毎日眺めたいと思いませんか? 楽しいかざり方や、きれいにしまってもちはこぶ方法を紹介します。

◀完成したスタンド

❶ スタンドにたてかける

型紙を200%に拡大して色画用紙や模造紙に写したら、写真のようなディスプレイスタンドをつくれます。

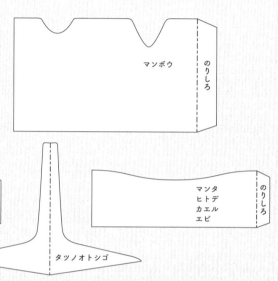

マンボウ｜のりしろ

イカ クジラ ウミガメ｜のりしろ

トビウオ サメ イルカ ペンギン シャチ｜のりしろ

マンタ ヒトデ カエル エビ｜のりしろ

タツノオトシゴ

❷ つるす

私は自分の家で飛行機を糸で天井からつるしています。画びょうを天井にさすときは、許可を得てくださいね!

糸のむすび方

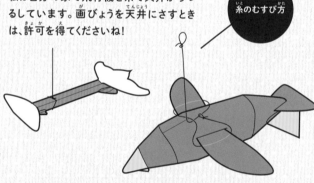

❸ 缶にいれる

公園へとばしに行くときは大きな缶を使うと便利です。プチプチの包装材を両面テープで内側にはりましょう。飛行機をやさしく交互に置くように積めば、曲がることなくはこんで遊べます!

つくるときのヒント

よくとぶ紙飛行機をつくるためのヒントを5つ紹介します。いくつかのポイントをおさえれば、工作が苦手な人でもきれいにしあげることができますよ。

① 道具

この本の紙飛行機をつくるために、こんな道具が必要です。

はるとき

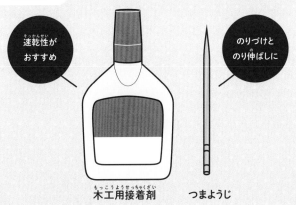

速乾性が
おすすめ

のりづけと
のり伸ばしに

木工用接着剤　　つまようじ

おるとき

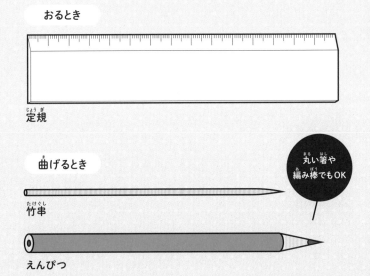

定規

曲げるとき

竹串

丸い箸や
編み棒でもOK

えんぴつ

② はがし方

部品はミシン目つきなので、ハサミは必要ありません。ゆっくり、ていねいにはがしましょう。急いでやると、やぶれたりくしゃくしゃになることがありますので、あわてずにね!

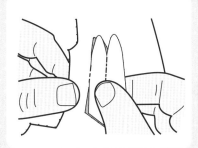

はがした部品にはちょっとしたギザギザが残ります。気になる人はハサミできりおとせますが、部品そのものをきらないように気をつけてください! カッターナイフを使ってきりはなすこともできます。

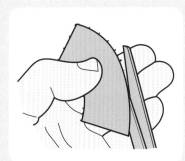

③ おり方

おるときは定規を使うとさらにきれいにつくれます。定規のヘリをおり線にあてて、後ろから人差し指でなぞるとくっきりしたおり目ができます。しかし、必要以上にぎゅっとおらないほうがいいです。紙が弱くなるからです。かるくおり目をつけてから指で必要な角度までやさしく曲げましょう。

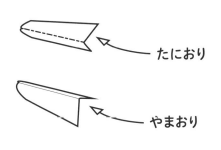

たにおり

やまおり

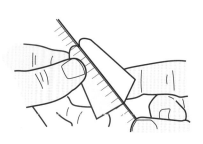

④ 曲げ方

丸める部品も多いです。大きいものには丸いえんぴつや編み棒を使い、細かい部品には竹串を使いましょう。図のように部品をささえながら、少しずつなでるように曲げてみてください。

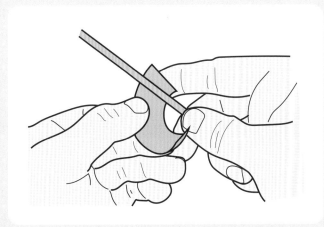

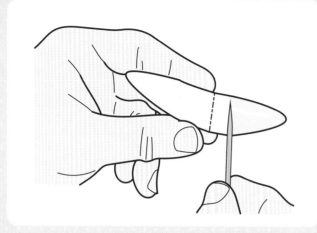

5 のりのつけ方

木工用接着剤は魔法のように紙をくっつけますが、水分が多いので、使いすぎると飛行機が汚くなります。紙が曲がったり、のりがはみでたりするからです。きれいにはりあわせるためには、接着剤をちょんちょんとちょっとだけ紙につけて、つまようじで全面にまんべんなくうすく伸ばしましょう。どのぐらいうすくかというと、接着剤が透明になるまでです。飛行機をつくる前に、のりづけの手加減を何回か練習してみましょう。

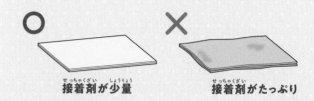

○ 接着剤が少量　　　× 接着剤がたっぷり

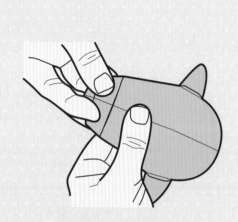

☞ **ポイント**

木工用接着剤をうすく伸ばしてからはりあわせると、早く乾きます。面と面をはるときはすぐにくっつきますが、マンボウ（p.47）、ペンギン（p.49）、シャチ（p.51）の頭などの丸くなっている部品は、少し固まるまで待ってください。

☞ **ポイント**

トビウオ（p.27）、サメ（p.29）、イルカ（p.31）の背中はよせてのりづけしますが、気をつけなければヨレヨレになります。のりが固まらないうちに前と後ろからみながら、背中がまっすぐになるように指で調整します。

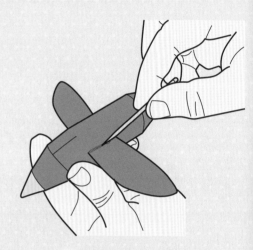

☞ **ポイント**

さしこむ翼などののりしろがないところでは、図のように接触しているところにちょっとだけのりをつけて、つまようじの先で引き伸ばしてください。つけすぎると紙が曲がりますので、ごく少量からはじめて、必要があればたしましょう。

つくり方・展開図の記号

← おる カーブをつける	のりしろ	① ② ③ 部品番号
←------- のりづけ	―― やまおり	あ い う のり記号
← さす	-------- たにおり	同じひらがなどうしでのりづけするよう設計されています。 あ は あ と、い は い とのりづけしてください。
◁ 進行方向	この本のおり線はほとんどがたにおりです。	

イカのつくり方

1
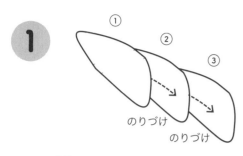
①
②
③
のりづけ
のりづけ

ヒレ部品①〜③をはりあわせる。（のり **あ**、**い**）

2
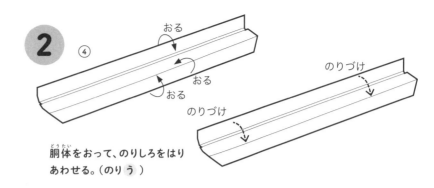
④
おる
おる
おる
のりづけ
のりづけ

胴体をおって、のりしろをはりあわせる。（のり **う**）

3
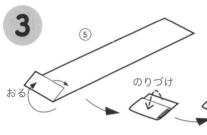
⑤
おる
のりづけ

おもりを点線でおって、まきあげ、のりでとめる。（のり **え**）

※おもりはまき具合によってのりしろがずれることがあります。

4
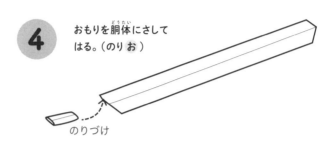
のりづけ

おもりを胴体にさしてはる。（のり **お**）

5
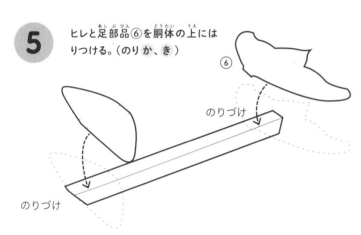
⑥
のりづけ
のりづけ

ヒレと足部品⑥を胴体の上にはりつける。（のり **か**、**き**）

6
⑧
のりづけ
⑦

尾翼部品⑦と⑧をおってはりあわせる。（のり **く**）

8
おる
おる
のりづけ
おる
⑨

フック部品⑨をおってはりあわせる。（のり **さ**）

7
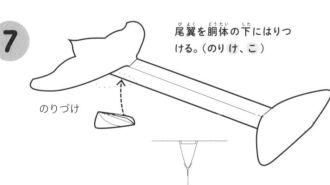
のりづけ

尾翼を胴体の下にはりつける。（のり **け**、**こ**）

9
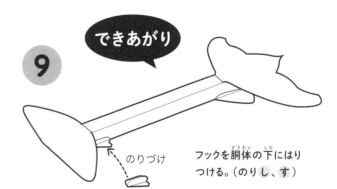
のりづけ

できあがり

フックを胴体の下にはりつける。（のり **し**、**す**）

とばし方
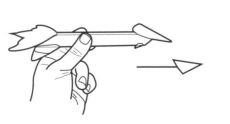

ヒレを前に、足を後ろにした向きでとばします。

Andrew's comment
敵から逃れようと海をはねるいきものは多くいますが、ほとんどはまたすぐにポトっと落ちます。トビウオだけがとぶと思っていましたが、とべるイカもいることはおどろきでした。ジェット機のように水をふきながらスイスイと波の上をすべるようにとぶとは！その姿をみたくて、さっそくこのイカ飛行機をつくりました。

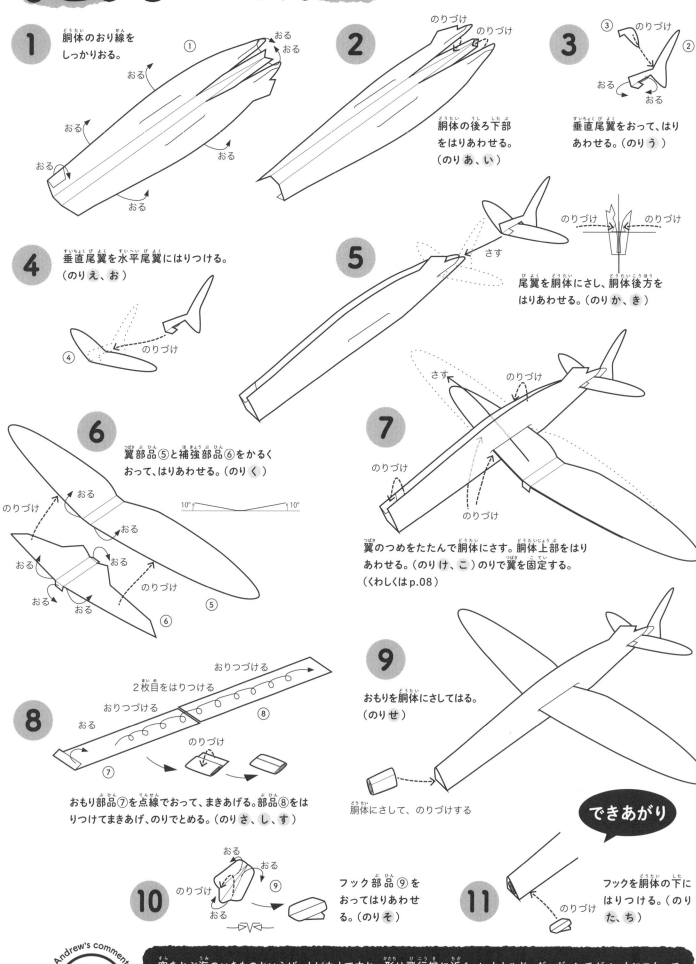

1 胴体のおり線をしっかりおる。

①　おる　おる　おる　おる　おる　おる

2 胴体の後ろ下部をはりあわせる。（のり あ、い ）

のりづけ　のりづけ

3 垂直尾翼をおって、はりあわせる。（のり う ）

③　のりづけ　②　おる　おる

4 垂直尾翼を水平尾翼にはりつける。（のり え、お ）

のりづけ　④

5 尾翼を胴体にさし、胴体後方をはりあわせる。（のり か、き ）

さす　のりづけ　のりづけ

6 翼部品⑤と補強部品⑥をかるくおって、はりあわせる。（のり く ）

のりづけ　おる　おる　おる　おる　おる　おる　のりづけ　⑤　⑥　10°　10°

7 翼のつめをたたんで胴体にさす。胴体上部をはりあわせる。（のり け、こ ）のりで翼を固定する。（くわしくは p.08 ）

さす　のりづけ　のりづけ　のりづけ

8 おもり部品⑦を点線でおって、まきあげる。部品⑧をはりつけてまきあげ、のりでとめる。（のり さ、し、す ）

おりつづける　2枚目をはりつける　おりつづける　おる　⑧　のりづけ　⑦

9 おもりを胴体にさしてはる。（のり せ ）

胴体にさして、のりづけする

10 フック部品⑨をおってはりあわせる。（のり そ ）

おる　おる　のりづけ　⑨　おる

11 フックを胴体の下にはりつける。（のり た、ち ）

のりづけ

できあがり

Andrew's comment

空をとぶ海のいきものといえば、トビウオですね。形は飛行機に近く、レオナルド・ダ・ヴィンチがノートにスケッチして飛行機の発明の参考にしました。私も何度もトビウオを紙飛行機のモデルにしています。腹ビレを広げる種類と広げない種類がいますが、とばしやすくするためにこの飛行機には大きく広げた腹ビレをつけました。

サメのつくり方 29ページ

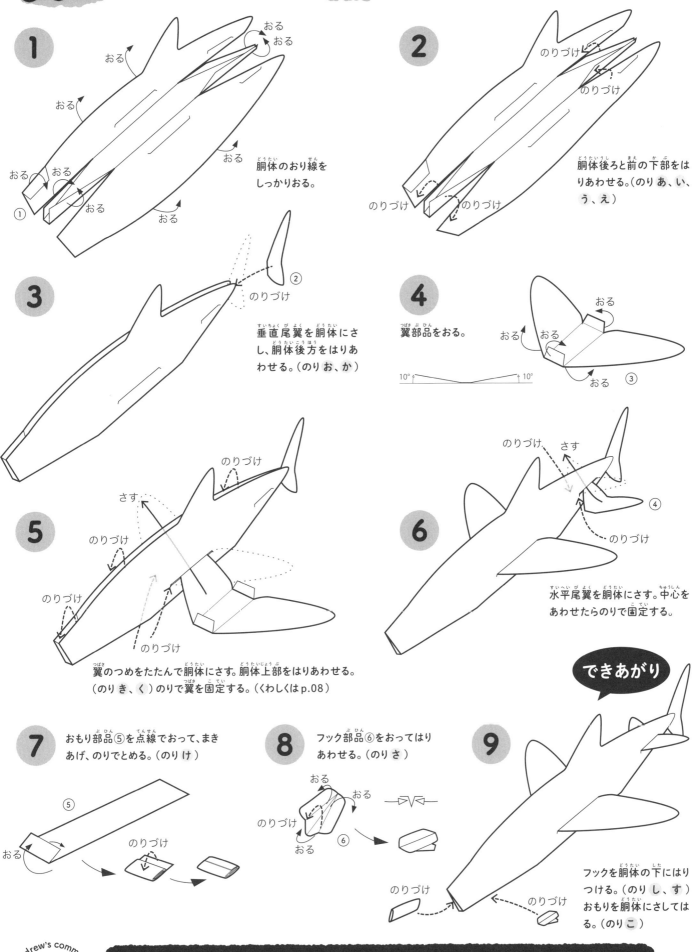

1 胴体のおり線をしっかりおる。

おる（複数箇所）

2 胴体後ろと前の下部をはりあわせる。（のり あ、い、う、え）

のりづけ

3 垂直尾翼を胴体にさし、胴体後方をはりあわせる。（のり お、か）

のりづけ ②

4 翼部品をおる。

おる
10° 10° ③

5 翼のつめをたたんで胴体にさす。胴体上部をはりあわせる。（のり き、く）のりで翼を固定する。（くわしくは p.08）

さす のりづけ

6 水平尾翼を胴体にさす。中心をあわせたらのりで固定する。

のりづけ さす ④ のりづけ

でき あがり

7 おもり部品⑤を点線でおって、まきあげ、のりでとめる。（のり け）

おる のりづけ ⑤

8 フック部品⑥をおってはりあわせる。（のり さ）

おる のりづけ おる ⑥

9 フックを胴体の下にはりつける。（のり し、す）おもりを胴体にさしてはる。（のり こ）

のりづけ

Andrew's comment

サメは実際に空はとべませんが、とんだらとても怖いと思いませんか？じつはサメの泳ぎ方はグライダーの飛行とほとんど変わりません。サメはほかの魚と違ってうきぶくろがなく、沈みがちです。しかし、アオザメなどの多くのサメは胸ビレを翼のようにつかって体をささえています。というわけで、とぶサメは完全なウソではありません！

イルカのつくり方

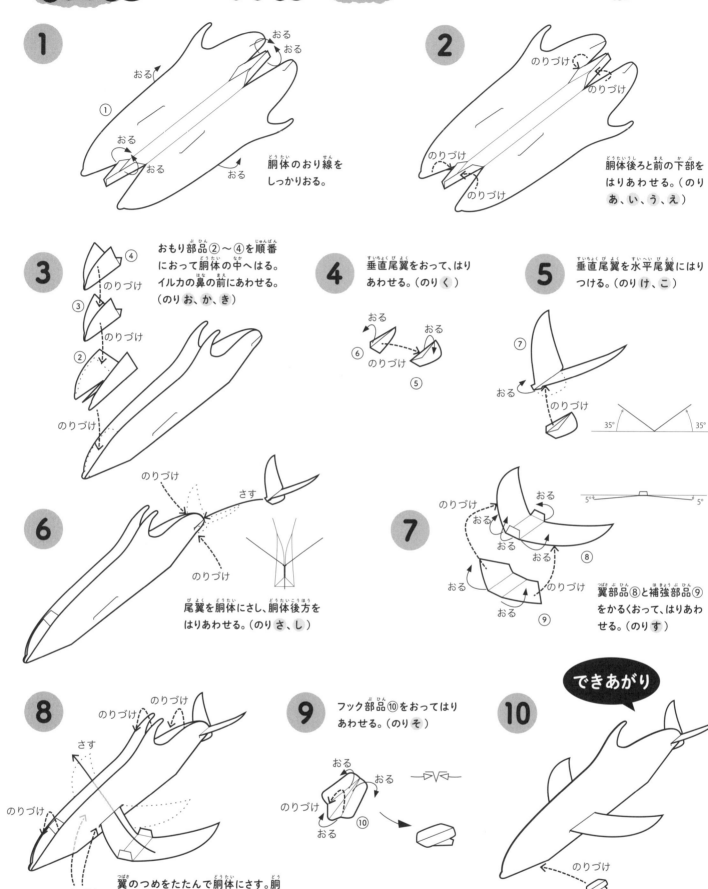

① 胴体のおり線を
しっかりおる。

おる、おる、おる、おる、おる

② 胴体後ろと前の下部を
はりあわせる。（のり
あ、い、う、え）

のりづけ、のりづけ、のりづけ、のりづけ

③ おもり部品②〜④を順番
におって胴体の中へはる。
イルカの鼻の前にあわせる。
（のりお、か、き）

のりづけ、のりづけ、のりづけ

④ 垂直尾翼をおって、はり
あわせる。（のりく）

おる、おる、のりづけ

⑤ 垂直尾翼を水平尾翼にはり
つける。（のりけ、こ）

おる、のりづけ 35° 35°

⑥ 尾翼を胴体にさし、胴体後方を
はりあわせる。（のりさ、し）

のりづけ、さす、のりづけ

⑦ 翼部品⑧と補強部品⑨
をかるくおって、はりあわ
せる。（のりす）

のりづけ、おる、おる、おる、おる、おる、おる、のりづけ 5° 5°

⑧ 翼のつめをたたんで胴体にさす。胴
体上部をはりあわせる。（のりせ）の
りで翼を固定する。（くわしくはp.08）

のりづけ、のりづけ、さす、のりづけ、のりづけ

⑨ フック部品⑩をおってはり
あわせる。（のりそ）

おる、おる、のりづけ、おる

⑩ **できあがり**

フックを胴体の下にはりつける。（のりた、ち）
のりづけ

Andrew's comment

イルカはとても頭がいいし、ほほえみながらとびはねたり人間と遊んだりするので、水族館の人気者です。海でも、よく遊んでいます。ボートとレースをしたり、大波でサーフィンしたりすることさえあります。だからこそ、空をとばせてあげたいと思いませんか？

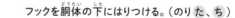

クジラのつくり方

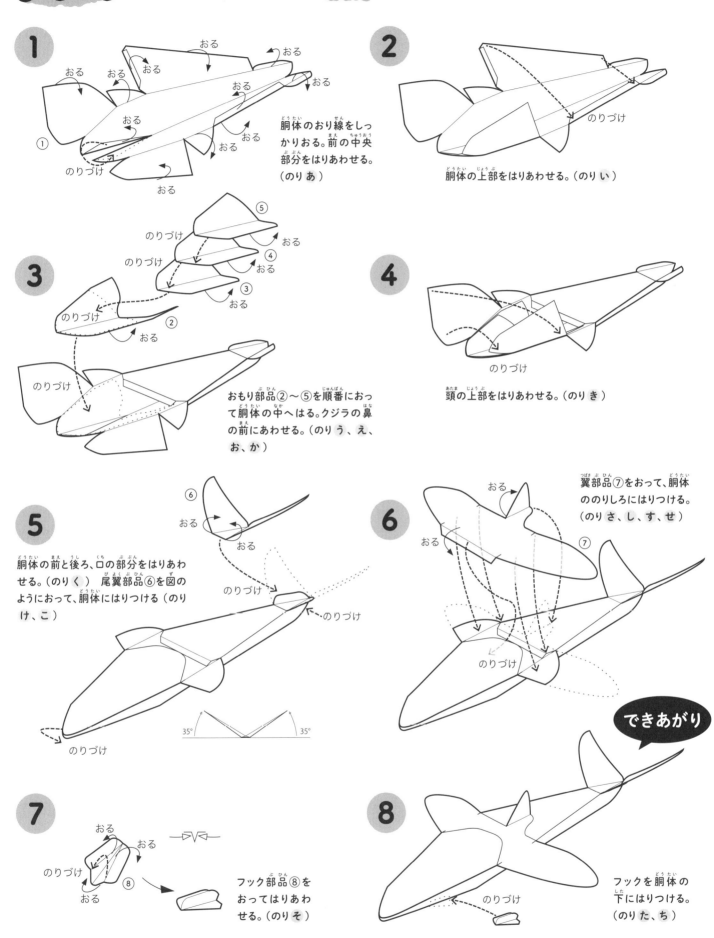

1

おる　おる　おる　おる　おる　おる　おる　おる　おる　おる
①
のりづけ

胴体のおり線をしっかりおる。前の中央部分をはりあわせる。（のり **あ**）

2

のりづけ

胴体の上部をはりあわせる。（のり **い**）

3

⑤　のりづけ　のりづけ　おる　④　おる　③　おる
のりづけ　②　おる
のりづけ

おもり部品②～⑤を順番におって胴体の中へはる。クジラの鼻の前にあわせる。（のり **う**、**え**、**お**、**か**）

4

のりづけ

頭の上部をはりあわせる。（のり **き**）

5

胴体の前と後ろ、口の部分をはりあわせる。（のり **く**）　尾翼部品⑥を図のようにおって、胴体にはりつける（のり **け**、**こ**）

⑥　おる　おる
のりづけ
のりづけ
のりづけ
35°　35°

6

翼部品⑦をおって、胴体ののりしろにはりつける。（のり **さ**、**し**、**す**、**せ**）

おる　おる
⑦
のりづけ

できあがり

7

おる　おる
のりづけ
おる　⑧

フック部品⑧をおってはりあわせる。（のり **そ**）

8

のりづけ

フックを胴体の下にはりつける。（のり **た**、**ち**）

雲海をとびまわるクジラの絵をよくみかけます。空想の絵でしょうけれど、クジラはそもそもこの世のものと思えないぐらい優雅に泳ぐいきものです。とくに、シロナガスクジラは私の目にはとべそうな形をしていますので、さっそくクジラ型の紙飛行機をつくって、雲海を泳ぐ姿を楽しんでいます。

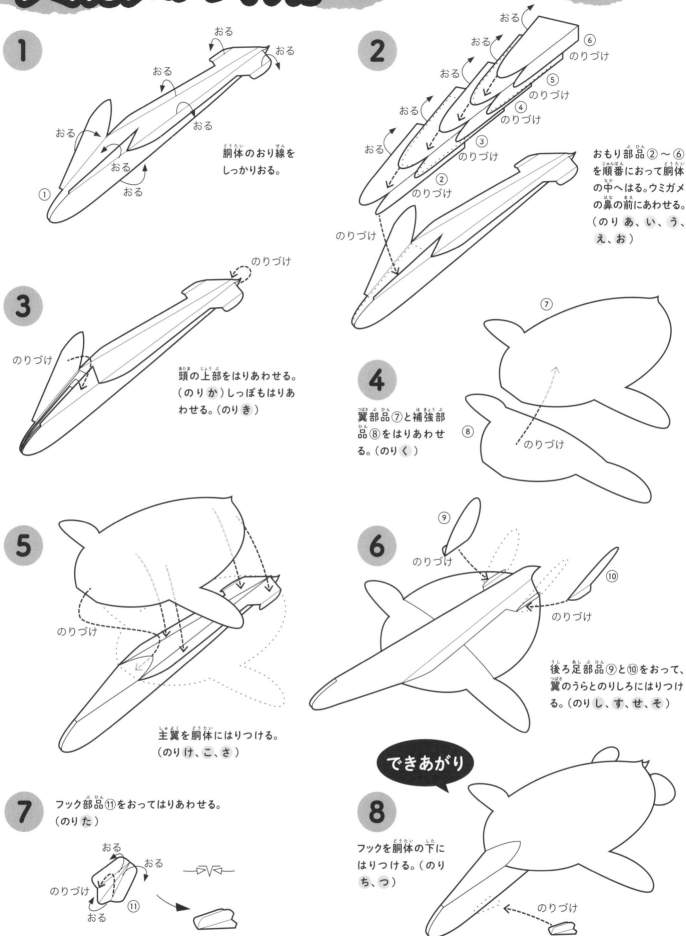

① 胴体のおり線を
しっかりおる。

おる おる おる おる おる おる おる おる おる

② おる おる おる おる のりづけ のりづけ のりづけ のりづけ のりづけ のりづけ
⑥ ⑤ ④ ③ ②

おもり部品②〜⑥を順番におって胴体の中へはる。ウミガメの鼻の前にあわせる。（のり あ、い、う、え、お ）

③ のりづけ のりづけ
頭の上部をはりあわせる。（のり か ）しっぽもはりあわせる。（のり き ）

④ ⑦ ⑧ のりづけ
翼部品⑦と補強部品⑧をはりあわせる。（のり く ）

⑤ のりづけ
主翼を胴体にはりつける。（のり け、こ、さ ）

⑥ ⑨ のりづけ ⑩ のりづけ
後ろ足部品⑨と⑩をおって、翼のうらとのりしろにはりつける。（のり し、す、せ、そ ）

⑦ フック部品⑪をおってはりあわせる。（のり た ）
おる おる のりづけ おる ⑪

⑧ できあがり
フックを胴体の下にはりつける。（のり ち、つ ）
のりづけ

Andrew's comment

泳いでいるウミガメをみると、足の動きが気になります。川などに住むカメは陸を歩くこともありますので、犬かきのように泳ぎますが、ウミガメは前足をゆっくり羽ばたかせ、後ろ足で方向を決めているだけです。それが翼と垂直尾翼にみえたので、とびそうな気がしました。どうどうと空を泳ぐウミガメのできあがり!

1

マンタの体①と補強部品②〜④をゆっくりと指で図のように曲げておく。

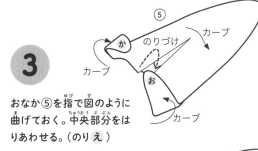

2

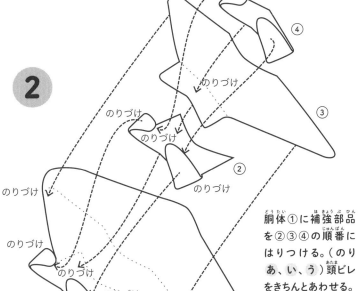

胴体①に補強部品を②③④の順番にはりつける。(のりあ、い、う)頭ビレをきちんとあわせる。

3

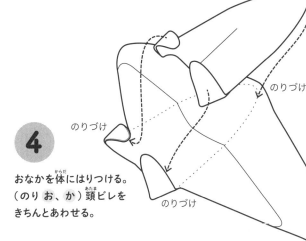

おなか⑤を指で図のように曲げておく。中央部分をはりあわせる。(のりえ)

4

おなかを体にはりつける。(のりお、か)頭ビレをきちんとあわせる。

5

2枚目をはりつける
おりつづける
おりつづける
おる

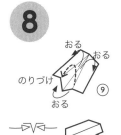
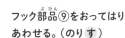

おもり部品⑥を点線でおって、まきあげる。部品⑦をはりつけてまきあげ、のりでとめる。(のりき、く、け)

6

おもりを胴体にさしてはる。(のりこ)

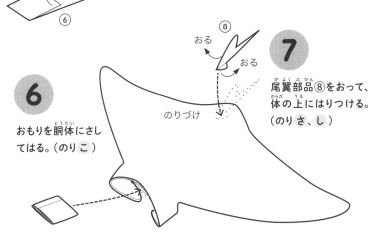

7

尾翼部品⑧をおって、体の上にはりつける。(のりさ、し)

8

フック部品⑨をおってはりあわせる。(のりす)

9 **できあがり**

フックを胴体の下にはりつける。(のりせ、そ)

Andrew's comment

マンタはいかにもとびそうな形をしていますし、羽ばたきながら水の中を滑空するように泳ぎます。紙飛行機にしたときに、口のわきに生えている頭ビレが心配でした。つけるとまっすぐにとばないけれど、つけないと様になりません。結局、おしりの尾翼をちょっと大きくしたら、きれいにとぶようになりました。

タツノオトシゴのつくり方 39 ページ

ヘリコプターバージョン

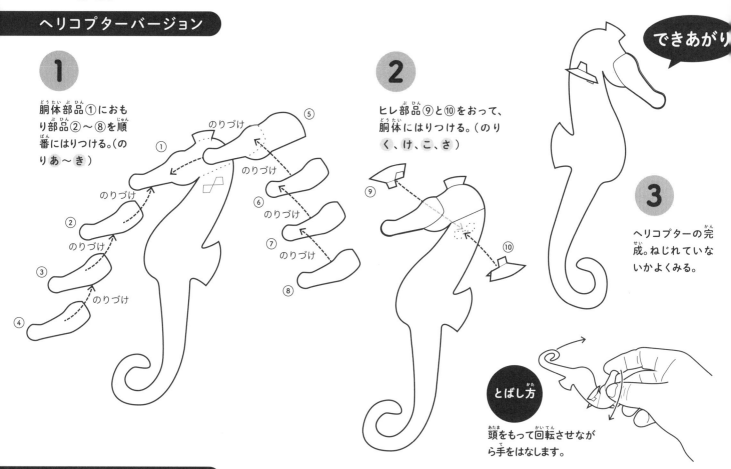

1 胴体部品①におもり部品②〜⑧を順番にはりつける。(のりあ〜き)

のりづけ ① のりづけ ② のりづけ ③ のりづけ ④ のりづけ ⑤ ⑥ のりづけ ⑦ のりづけ ⑧

2 ヒレ部品⑨と⑩をおって、胴体にはりつける。(のりく、け、こ、さ)

⑨ ⑩

できあがり

3 ヘリコプターの完成。ねじれていないかよくみる。

とばし方 頭をもって回転させながら手をはなします。

グライダー バージョン

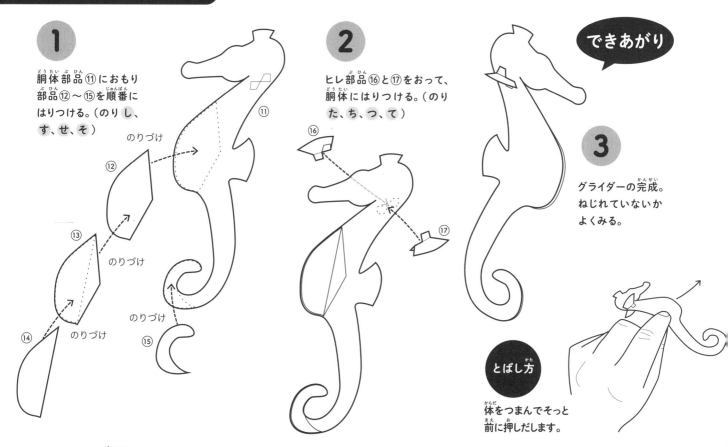

1 胴体部品⑪におもり部品⑫〜⑮を順番にはりつける。(のりし、す、せ、そ)

のりづけ ⑪ ⑫ のりづけ ⑬ のりづけ ⑭ のりづけ ⑮

2 ヒレ部品⑯と⑰をおって、胴体にはりつける。(のりた、ち、つ、て)

⑯ ⑰

できあがり

3 グライダーの完成。ねじれていないかよくみる。

とばし方 体をつまんでそっと前に押しだします。

Andrew's comment
タツノオトシゴはふしぎな魚。体をたてにしながら小さな背ビレでゆっくりすすむけれど、ほとんどの時間は動かないでいます。どうしてもとばしたかったので、結局この2種類を考えました。水平に滑空する黄色いグライダーと、楓のタネのようにくるくる回るオレンジのヘリコプターです。ますますふしぎになりました!

ヒトデのつくり方

41ページ

1

竹串などで胴体部品①と⑮のうらにある点線をなぞっており線をつける。

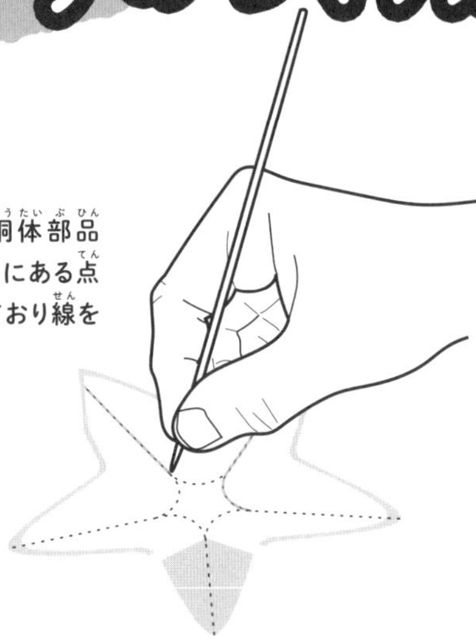

2

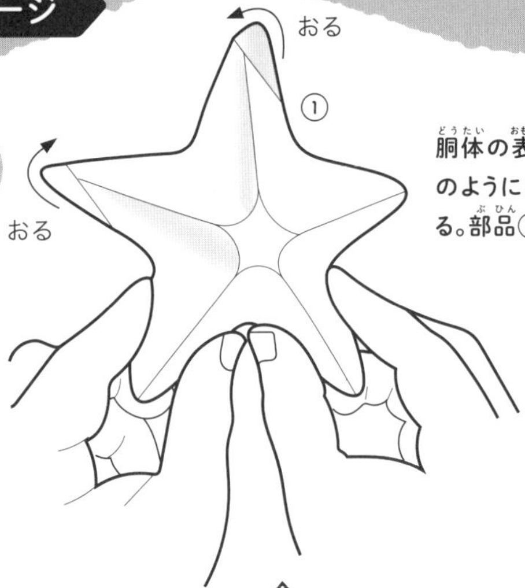
おる
①
おる

胴体の表面を上にして図のようにおり線をかるくおる。部品①の尾翼もおる。

3

おもり部品②と③をおる。胴体部品①のうらを上にして、おもりをはりつける。③は1mmぐらい中心へずらす。（のり あ、い ）

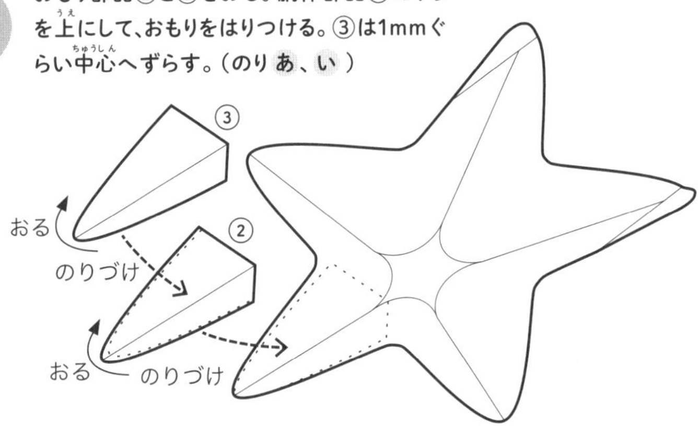
③
おる
②
のりづけ
おる
のりづけ

4

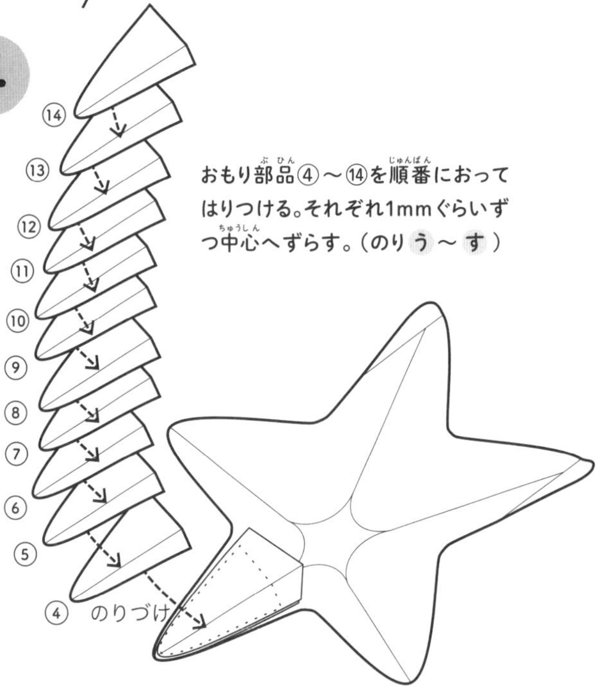
⑭
⑬
⑫
⑪
⑩
⑨
⑧
⑦
⑥
⑤
④
のりづけ

おもり部品④〜⑭を順番におってはりつける。それぞれ1mmぐらいずつ中心へずらす。（のり う 〜 す ）

5

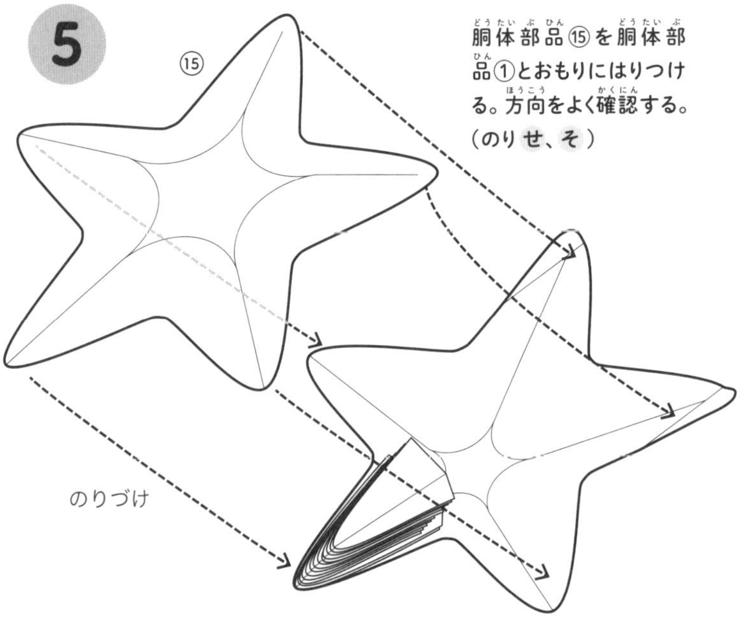
⑮
のりづけ

胴体部品⑮を胴体部品①とおもりにはりつける。方向をよく確認する。（のり せ、そ ）

6

角もきちんとはりつける。胴体と足がねじれないように気をつける。

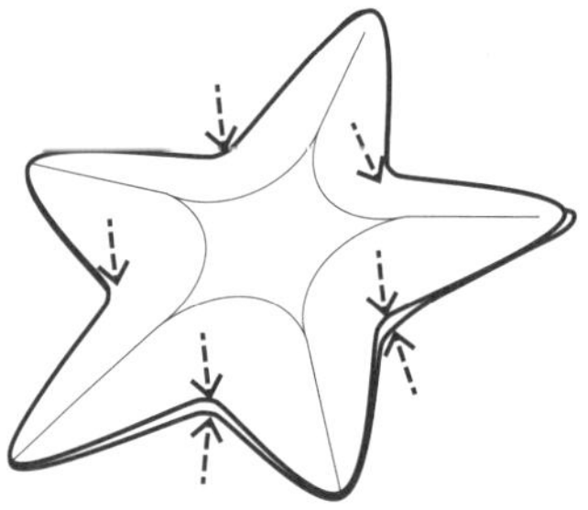

7

フック部品⑯をおってはりあわせる。（のり た ）

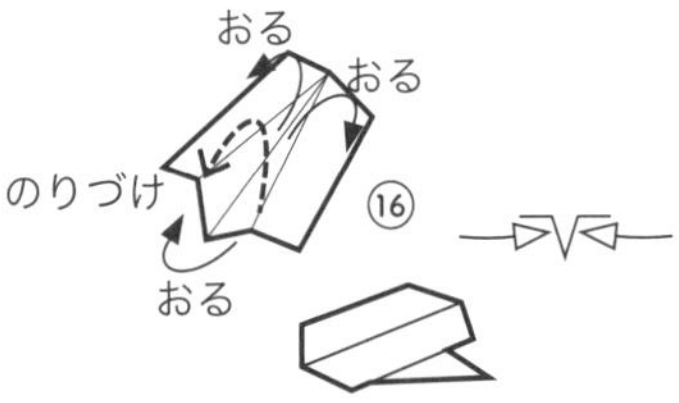
おる
おる
のりづけ
⑯
おる

8

フックを胴体の下にはりつける。（のり ち、つ ）

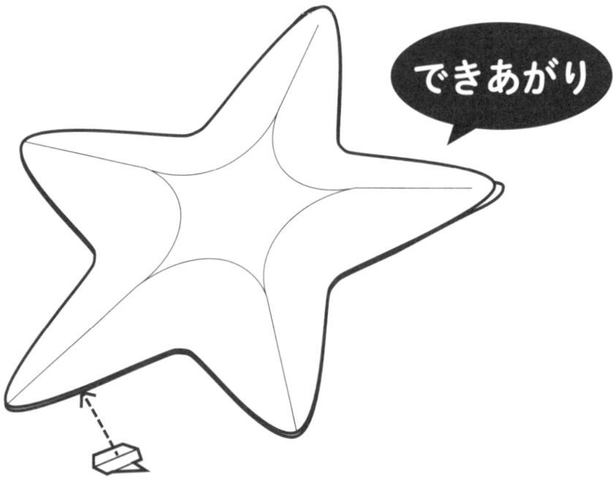
できあがり

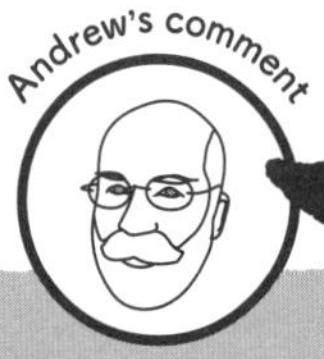
Andrew's comment

ヒトデの紙飛行機をみる人はまず手裏剣のようなとび方を想像します。それもありえたかもしれませんが、私は滑空させたいと思っていました。うでが細すぎて、滑空に適していないヒトデは意外と多く、結局このカリブ海に住むレッドクッション・シースターという種類を選びました。とばしやすくするために、小さな尾翼もつけました。

カエルのつくり方　43ページ

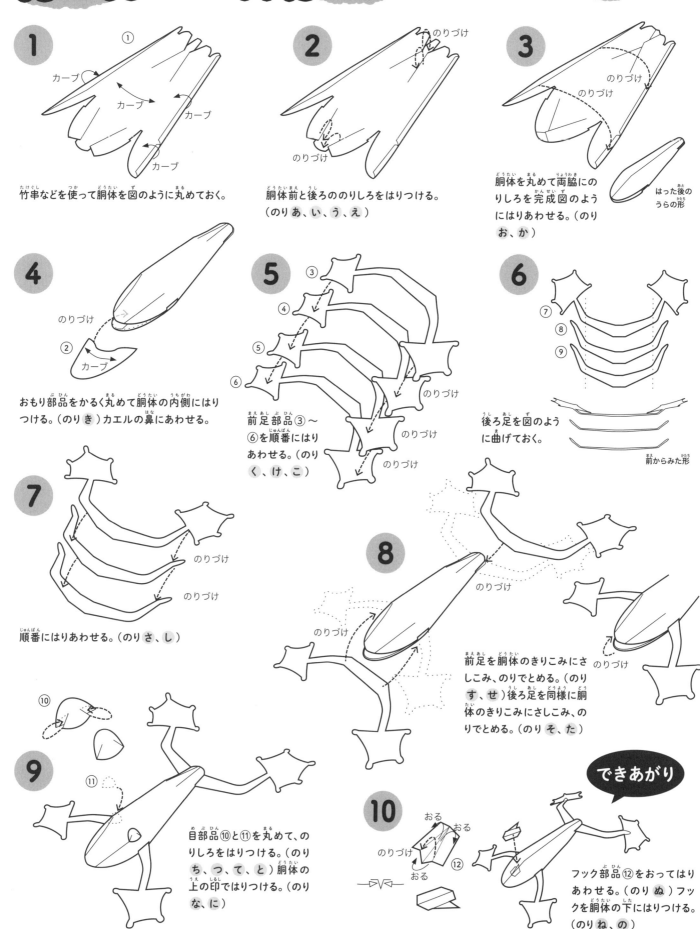

①
竹串などを使って胴体を図のように丸めておく。

②
胴体前と後ろののりしろをはりつける。（のりあ、い、う、え）

③
胴体を丸めて両脇にのりしろを完成図のようにはりあわせる。（のりお、か）

はった後のうらの形

④
おもり部品をかるく丸めて胴体の内側にはりつける。（のりき）カエルの鼻にあわせる。

⑤
前足部品③〜⑥を順番にはりあわせる。（のりく、け、こ）

⑥
後ろ足を図のように曲げておく。

前からみた形

⑦
順番にはりあわせる。（のりさ、し）

⑧
前足を胴体のきりこみにさしこみ、のりでとめる。（のりす、せ）後ろ足を同様に胴体のきりこみにさしこみ、のりでとめる。（のりそ、た）

⑨
目部品⑩と⑪を丸めて、のりしろをはりつける。（のりち、つ、て、と）胴体の上の印ではりつける。（のりな、に）

⑩
おる　おる　おる

フック部品⑫をおってはりあわせる。（のりぬ）フックを胴体の下にはりつける。（のりね、の）

できあがり

Andrew's comment

トビガエルは本当にとびますよ！「とぶ」といっても、鳥やコウモリのように羽ばたくわけではありません。ムササビのように木からはねて45°より浅い角度で滑空します。はじめてみつけた人はさぞかしおどろいたでしょうね！熱帯雨林の伐採で住み家が消えつつあるなか、私はどうしても紙で残したかったのです。

エビのつくり方 ▶ 45ページ

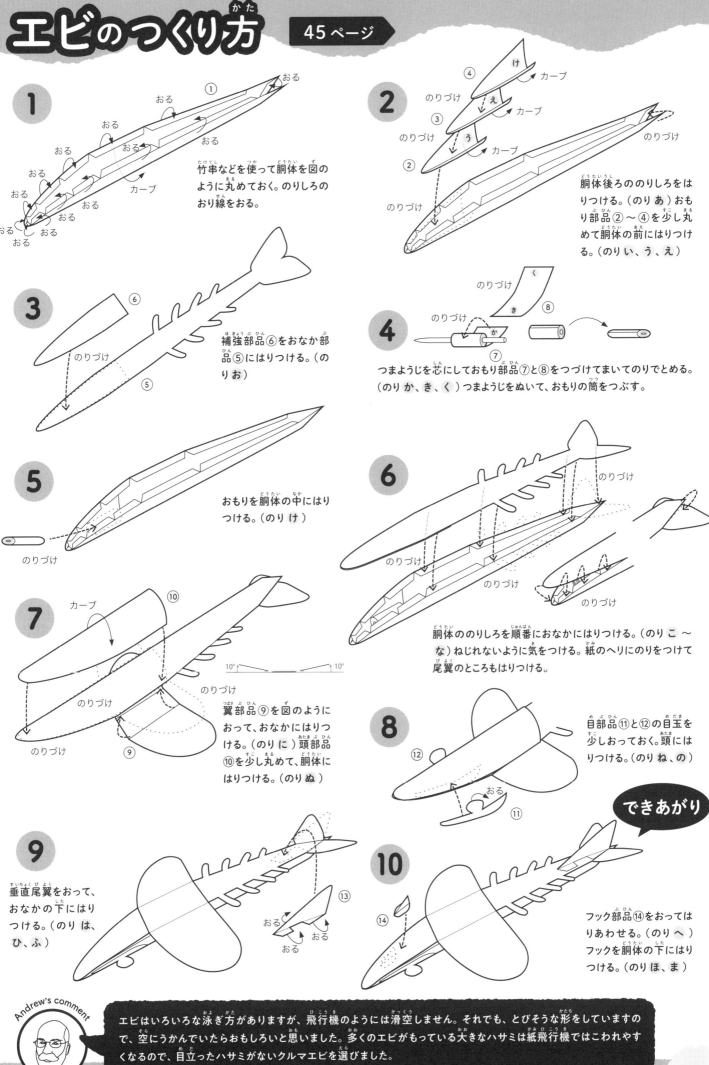

1 竹串などを使って胴体を図のように丸めておく。のりしろのおり線をおる。

2 胴体後ろののりしろをはりつける。（のり あ）おもり部品②〜④を少し丸めて胴体の前にはりつける。（のり い、う、え）

3 補強部品⑥をおなか部品⑤にはりつける。（のり お）

4 つまようじを芯にしておもり部品⑦と⑧をつづけてまいてのりでとめる。（のり か、き、く）つまようじをぬいて、おもりの筒をつぶす。

5 おもりを胴体の中にはりつける。（のり け）

6 胴体ののりしろを順番におなかにはりつける。（のり こ〜な）ねじれないように気をつける。紙のヘリにのりをつけて尾翼のところもはりつける。

7 翼部品⑨を図のようにおって、おなかにはりつける。（のり に）頭部品⑩を少し丸めて、胴体にはりつける。（のり ぬ）

8 目部品⑪と⑫の目玉を少しおっておく。頭にはりつける。（のり ね、の）

できあがり

9 垂直尾翼をおって、おなかの下にはりつける。（のり は、ひ、ふ）

10 フック部品⑭をおってはりあわせる。（のり へ）フックを胴体の下にはりつける。（のり ほ、ま）

Andrew's comment
エビはいろいろな泳ぎ方がありますが、飛行機のようには滑空しません。それでも、とびそうな形をしていますので、空にうかんでいたらおもしろいと思いました。多くのエビがもっている大きなハサミは紙飛行機ではこわれやすくなるので、目立ったハサミがないクルマエビを選びました。

19

①

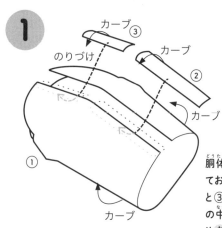

カーブ ③
カーブ ②
のりづけ
カーブ
カーブ
①

胴体を図のように丸め
ておく。のりしろ部品②
と③を半分ずつ胴体
の中にはりつける。(の
りあ、い)

②

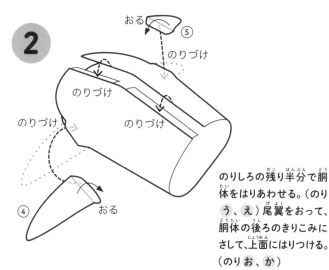

おる ⑤
のりづけ
のりづけ
のりづけ
のりづけ
④
おる

のりしろの残り半分で胴
体をはりあわせる。(のり
う、え)尾翼をおって、
胴体の後ろのきりこみに
さして、上面にはりつける。
(のりお、か)

③

尾翼とのりしろをはりあわせる。(のりき、く)
胴体の後ろヘリをできるだけまっすぐになるよう
にはりあわせる。(のりけ、こ)

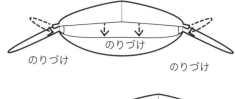

のりづけ
のりづけ
のりづけ

④

のりしろ部品⑥をギザギザの部分がでるように胴体の中に
はりつける。(のりさ)ステップ13の絵を参考に!

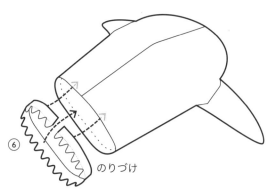

⑥
のりづけ

⑤

⑧ カーブ
カーブ
⑦
カーブ

頭部品⑦を丸めておく。
おもり部品⑧の半分を
はりつける。(のりし)

⑥

のりしろ部品の残り
半分で頭をはりあ
わせる。(のりす)

⑦

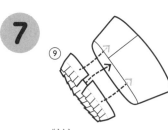

⑨

ステップ4と同様にのり
しろ部品⑨をはりつけ
る。(のりせ)

⑧

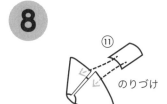

⑪
のりづけ
⑩

のりしろ部品⑪で鼻部品⑩をはり
あわせる。(のりそ、た)

⑨

⑫
のりづけ

のりしろ部品⑫を鼻部品の前の穴のヘ
リにあわせてはりつける。(のりち)

⑩

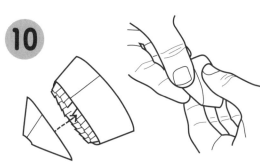

鼻部品をあわせ目をそろえて頭ののりしろにはりつけ
る。(のりつ)ピッタリあうように指でもって固まるまで
おさえる。(くわしくはp.08)

20

11

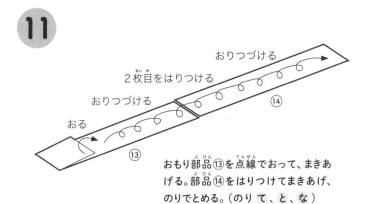

おりつづける
2枚目をはりつける
おりつづける
おる
⑬
⑭

おもり部品⑬を点線でおって、まきあげる。部品⑭をはりつけてまきあげ、のりでとめる。（のり て、と、な）

12

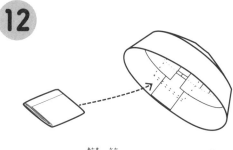

おもりを頭の中へさしてはる。（のり に）手前はスペースをあけておく。

13

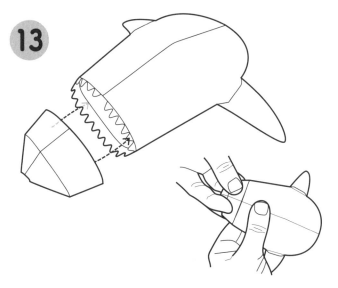

頭をあわせ目をそろえてギザギザののりしろにはりつける。（のり ぬ）ピッタリあうように指でもって固まるまでおさえる。

14

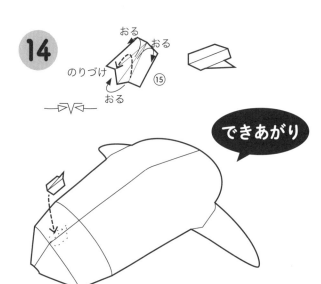

おる
おる
のりづけ
おる
⑮

できあがり

フック部品⑮をおってはりあわせる。（のり ね）フックを胴体の下にはりつける。（のり の、は）

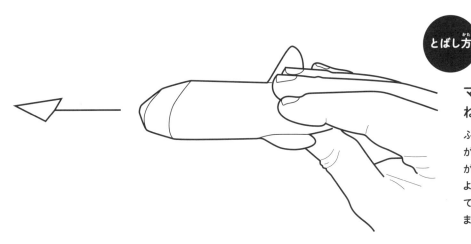

とばし方

マンボウは体をよこにして、ねかせた姿でとばします。

ふだんは水の中で暮らすマンボウですが、ときどき海面にうかんでよこたわることがあります。これは「マンボウの昼寝」とよばれ、体温を調節するためや、体が弱っているとき、単に休憩しているだけなど、さまざまな説があります。

Andrew's comment

マンボウは独特な泳ぎ方をします。泳ぐときは体をたてにして上下のヒレを使います。しかし、たての姿勢ではとびませんので、この飛行機では水面でひなたぼっこをしている姿をモチーフにしています。そのため、とぶ姿はスペースシャトルの後続計画機であるX-33に似ています。ということは、最先端の魚ですね!

ペンギンのつくり方 49ページ

1 胴体部品①を図のように丸めておく。前の方のきりこみをはりつける。（のり あ 、い 、う 、え ）

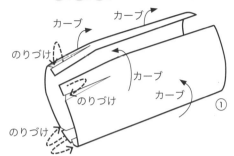

2 のりしろ部品②と③を少し丸めて、半分ずつ胴体をはりあわせる。（のり お 、か ）

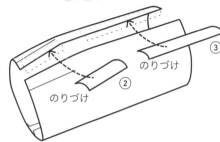

3 のりしろの残り半分で胴体をはりあわせる。（のり き 、く ）

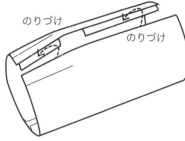

4 のりしろ部品④をギザギザの部分がでるように胴体の中にはりつける。（のり け ）ステップ6の絵を参考に！

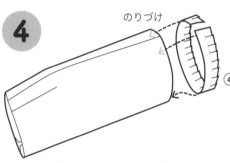

5 胴体部品⑤を丸めて、のりしろ部品⑥ではりあわせる。（のり こ 、さ ）後ろの部分もはりあわせる。よこのきれ目は残しておく。

※シャチはたてもよこものりづけしない。

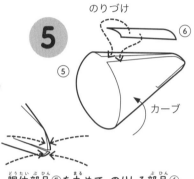

6 胴体部品⑤をのりしろ部品④にはりつける。（のり し ）あわせ目をそろえる。すきまがないように指でもって、少し固まるまでおさえる。（くわしくはp.08）

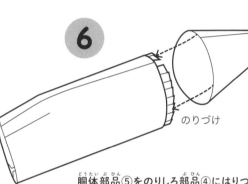

7 ステップ4と同様にのりしろ部品⑦をはりつける。（のり す ）

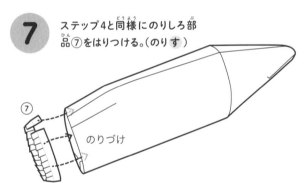

8 のりしろ部品⑨で頭部品⑧をはりあわせる。（のり せ 、そ ）

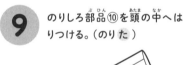
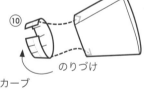

9 のりしろ部品⑩を頭の中へはりつける。（のり た ）

10 くちばし部品⑪を丸めて、はりあわせる。（のり ち ）

11 補強部品⑫を図のようにくちばしのできるだけ奥へはりつける。（のり つ ）

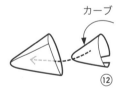

12 くちばしを頭にはりつける。（のり て ）あわせ目をそろえる。

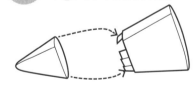

13 つまようじを芯にしておもり部品⑬と⑭をつづけてまいてのりでとめる。（のり と 、な 、に ）つまようじをぬく。

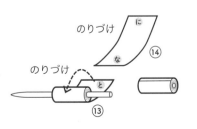

14 おもりを頭のできるだけ奥へはりつける。（のり ぬ ）

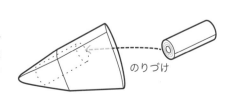

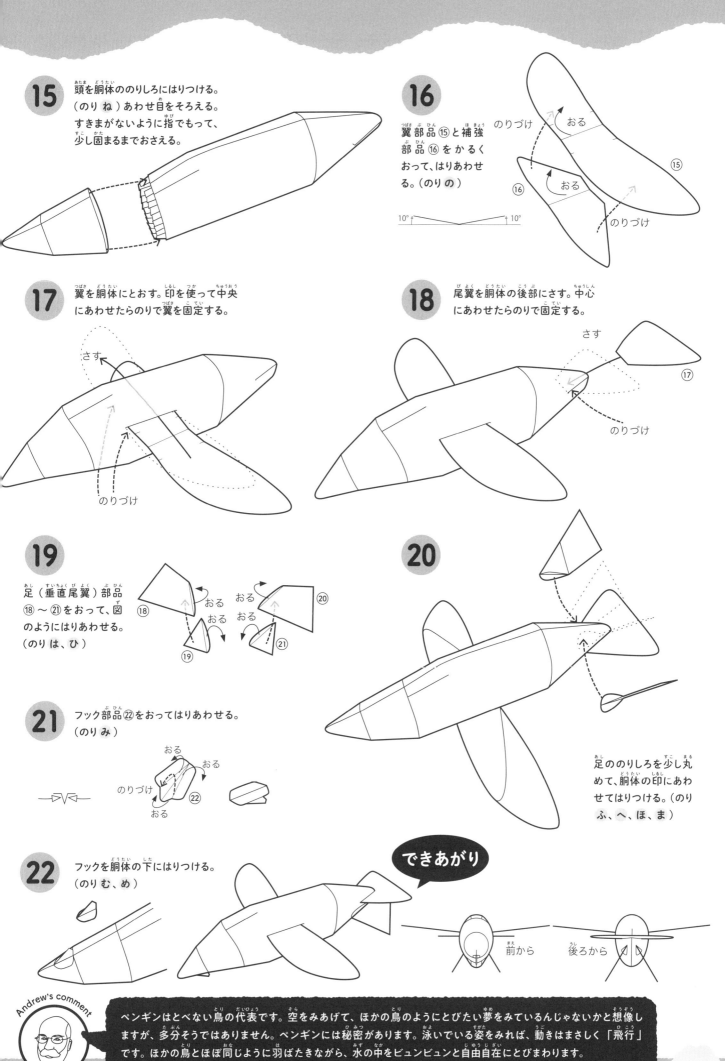

15 頭を胴体ののりしろにはりつける。（のり **ね**）あわせ目をそろえる。すきまがないように指でもって、少し固まるまでおさえる。

16 翼部品⑮と補強部品⑯をかるくおって、はりあわせる。（のり **の**）
のりづけ
おる
おる
のりづけ
⑮
⑯
10° 10°

17 翼を胴体にとおす。印を使って中央にあわせたらのりで翼を固定する。
さす
のりづけ

18 尾翼を胴体の後部にさす。中心にあわせたらのりで固定する。
さす
のりづけ
⑰

19 足（垂直尾翼）部品⑱〜㉑をおって、図のようにはりあわせる。（のり **は、ひ**）
おる おる
おる おる
⑱ ⑳
おる
⑲ ㉑

20
足ののりしろを少し丸めて、胴体の印にあわせてはりつける。（のり **ふ、へ、ほ、ま**）

21 フック部品㉒をおってはりあわせる。（のり **み**）
おる
おる
のりづけ
㉒
おる

22 フックを胴体の下にはりつける。（のり **む、め**）

できあがり

前から　後ろから

Andrew's comment
ペンギンはとべない鳥の代表です。空をみあげて、ほかの鳥のようにとびたい夢をみているんじゃないかと想像しますが、多分そうではありません。ペンギンには秘密があります。泳いでいる姿をみれば、動きはまさしく「飛行」です。ほかの鳥とほぼ同じように羽ばたきながら、水の中をビュンビュンと自由自在にとびまわります。

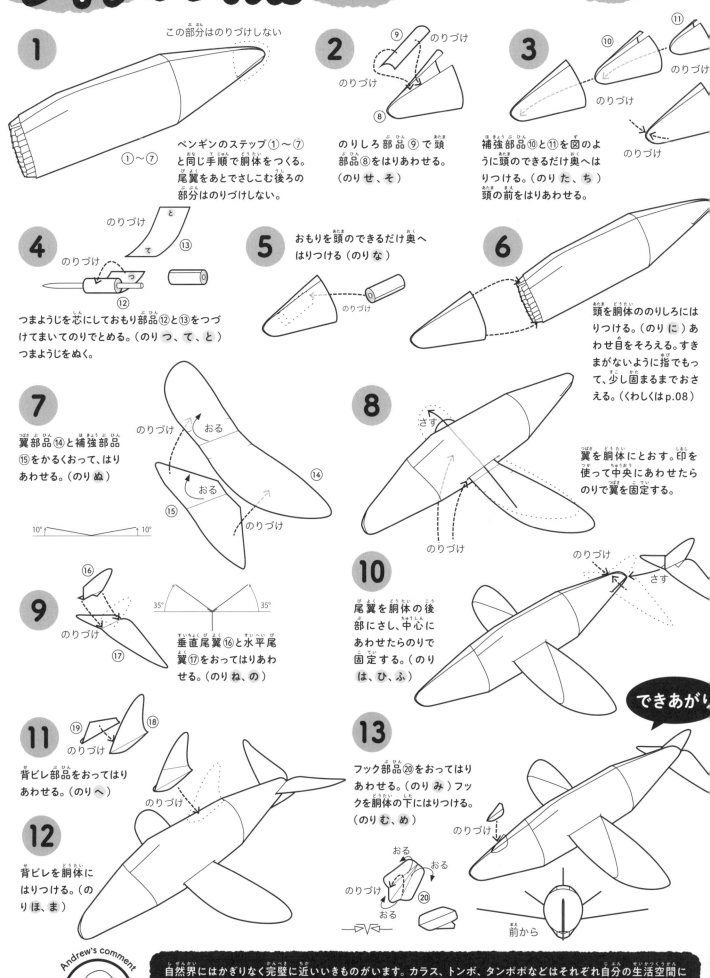

1 この部分はのりづけしない
①～⑦

ペンギンのステップ①～⑦と同じ手順で胴体をつくる。尾翼をあとでさしこむ後ろの部分はのりづけしない。

2 ⑨ のりづけ のりづけ ⑧

のりしろ部品⑨で頭部品⑧をはりあわせる。（のり せ、そ）

3 ⑪ ⑩ のりづけ のりづけ のりづけ

補強部品⑩と⑪を図のように頭のできるだけ奥へはりつける。（のり た、ち）頭の前をはりあわせる。

4 のりづけ と て ⑬ のりづけ つ ⑫

つまようじを芯にしておもり部品⑫と⑬をつづけてまいてのりでとめる。（のり つ、て、と）つまようじをぬく。

5 おもりを頭のできるだけ奥へはりつける（のり な）
のりづけ

6 頭を胴体ののりしろにはりつける。（のり に）あわせ目をそろえる。すきまがないように指でもって、少し固まるまでおさえる。（くわしくはp.08）

7 のりづけ おる おる ⑭ ⑮ のりづけ
10° 10°

翼部品⑭と補強部品⑮をかるくおって、はりあわせる。（のり ぬ）

8 さす のりづけ

翼を胴体にとおす。印を使って中央にあわせたらのりで翼を固定する。

9 ⑯ のりづけ ⑰
35° 35°

垂直尾翼⑯と水平尾翼⑰をおってはりあわせる。（のり ね、の）

10 のりづけ さす

尾翼を胴体の後部にさし、中心にあわせたらのりで固定する。（のり は、ひ、ふ）

できあがり

11 ⑲ のりづけ ⑱ のりづけ

背ビレ部品をおってはりあわせる。（のり へ）

12 背ビレを胴体にはりつける。（のり ほ、ま）

13 フック部品⑳をおってはりあわせる。（のり み）フックを胴体の下にはりつける。（のり む、め）
のりづけ
おる おる のりづけ おる ⑳
前から

Andrew's comment

自然界にはかぎりなく完璧に近いいきものがいます。カラス、トンボ、タンポポなどはそれぞれ自分の生活空間に生態がピッタリあっていて、まるで欠点がないように思えます。シャチもその一つです。丈夫で美しく、頭が良く器用だったりして、我々人間がうらやましくなるぐらい。しかも流線型だから、とばすにはうってつけ!

イカ

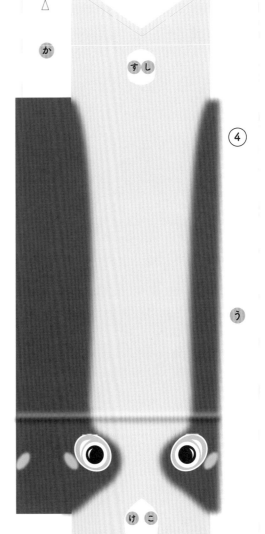

できあがり
つくり方は09ページ

① ▷

② ▷

あ

⑧

⑦

④

う

か

すし

⑨

③ ▷

い

⑥

けこ

き

たにおり

⑤

え

トビイカ

8本の足と2本のうでをもつイカの仲間。敵に
おそわれるとスミをはきだして目をくらまし、自
分の身を守ります。水の中で追いかけてくる魚
から逃げるため、水をいきおいよくふきだして
海の上をとぶことがあります。

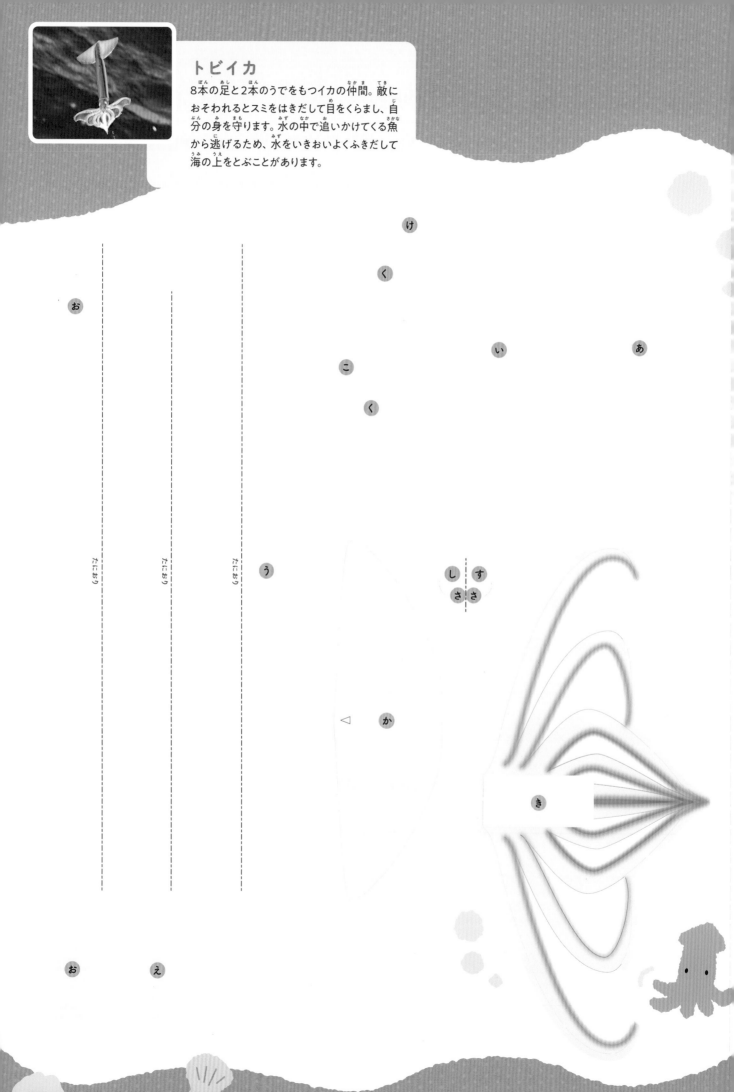

け

く

お

い   あ

こ

く

う

し｜す
さ｜さ

き

◁   か

お   え

トビウオ

できあがり

つくり方は10ページ

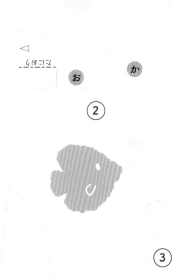

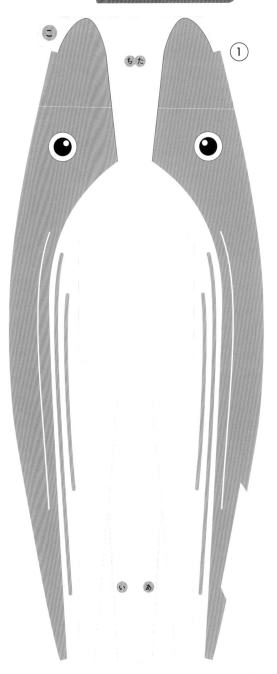

トビウオ

日本の海の近くや世界中に暮らす、空をとぶことで有名な魚です。尾ビレなどで水面をたたいてうきあがり、大きな胸ビレと腹ビレをひらいて空中を滑空します。距離にすると最長で400mもとぶといわれています。

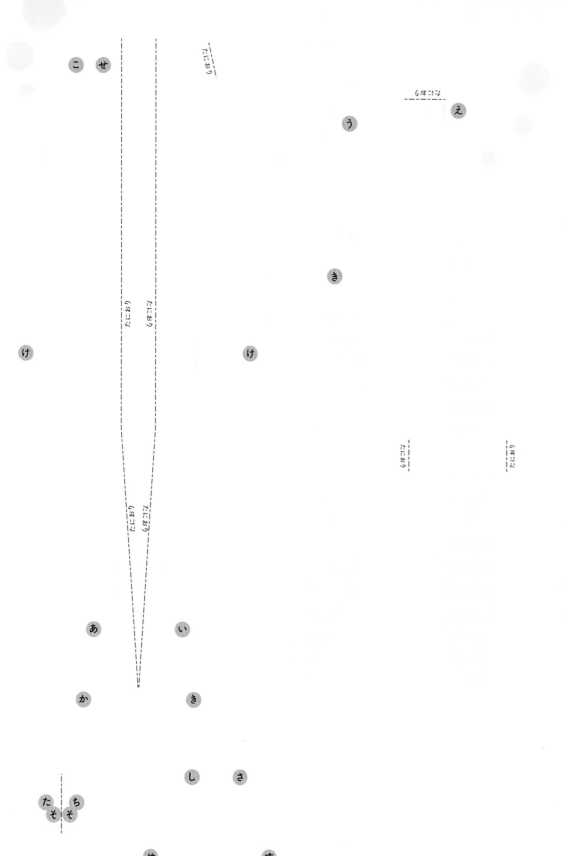

こ　せ

たにおり

たにおり
え
う

き

け　　　　　　け

く

たにおり　たにおり

く

たにおり　たにおり

あ　　い

か　　き

し　さ

た　ち
そ　そ

せ　　　　す

サメ

つくり方は11ページ

できあがり

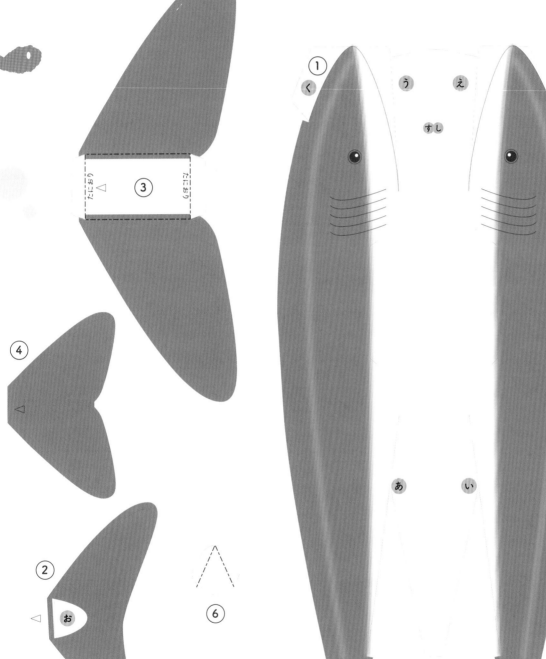

① く

③ たにおり たにおり

④ ◁

② ◁ お

⑥

うえ

すし

あ い

⑤

け

たにおり

アオザメ

サメの仲間の中で、短距離でいちばん泳ぐのが速い種類。そのスピードは時速40〜55kmにもなるといわれています。水深500mまでのきれいな海に暮らしており、イカや魚を追いこんで食べます。

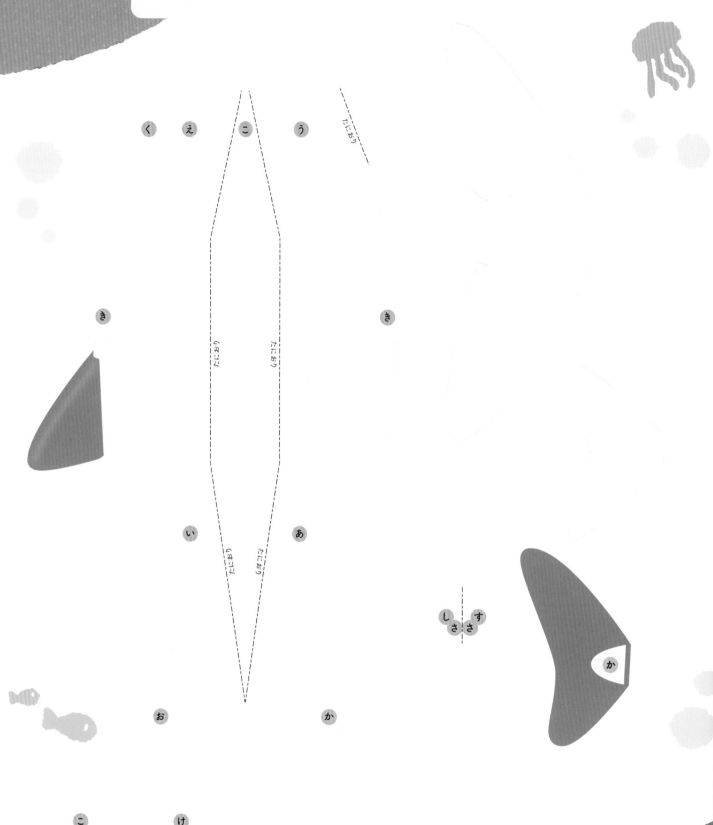

く　え　こ　う
たにおり

き　き

たにおり　たにおり

い　あ

たにおり　たにおり

し　さ　す

か

お　か

こ　け

イルカ

つくり方は12ページ

できあがり

カマイルカ

白、黒、灰色をしたイルカの仲間。活発な性格で知られていて、船の近くによってきたり、ほかのイルカやクジラと一緒に泳いだりします。背ビレの形と色が草をかるカマに似ていることからこの名前がつきました。

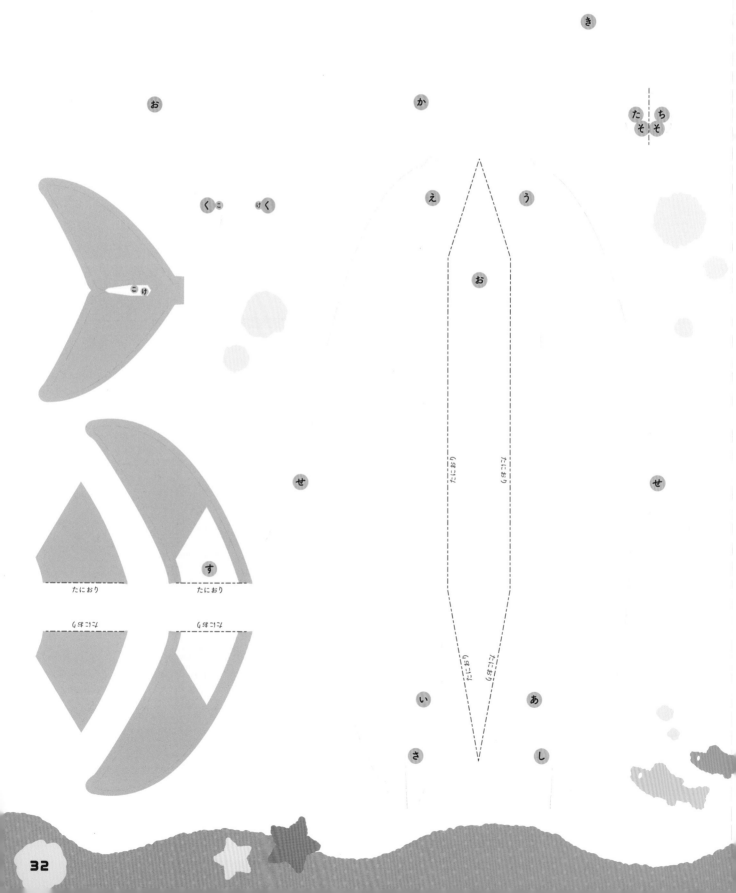

き

お
か
た　ち
そ　そ

く　こ
け　く
え
う

こ　け
お

せ
せ

す

たにおり
たにおり
たにおり
たにおり

たにおり
たにおり
たにおり
たにおり

い
あ

さ
し

クジラ

つくり方は13ページ

できあがり

シロナガスクジラ

地球上でいちばん大きい動物で、最大体長33m、体重160tにもなるほにゅう類です。泳ぎながら口をひらいて、水と一緒にエサをすいこんで食べます。水の中では呼吸できないので、頭の上にある噴気孔から息をすいこんではきます。

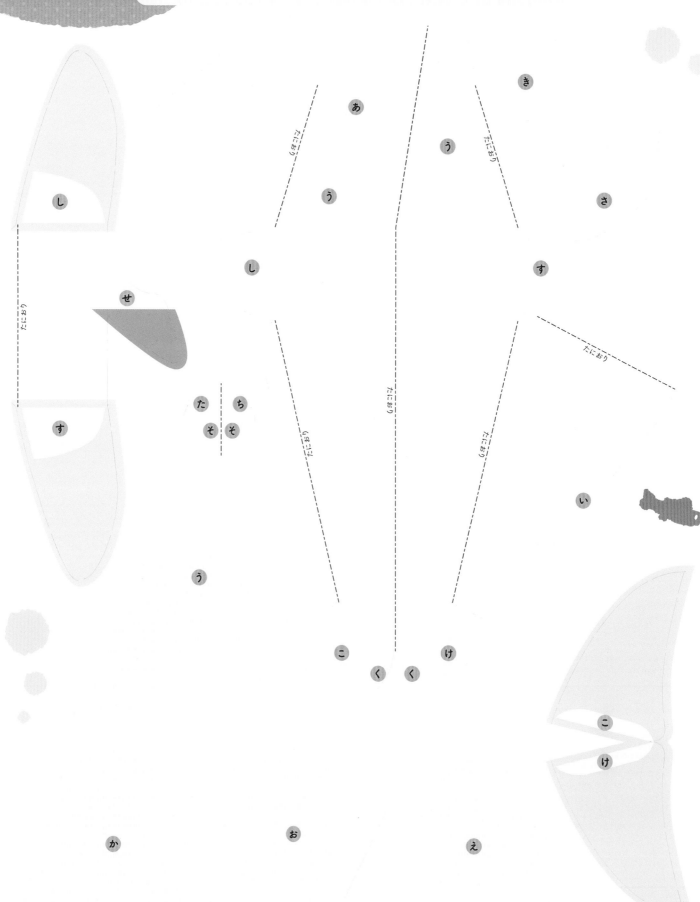

ウミガメ

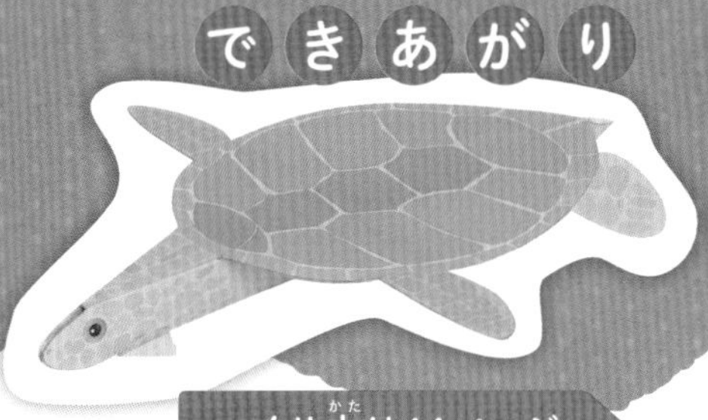
できあがり

つくり方は14ページ

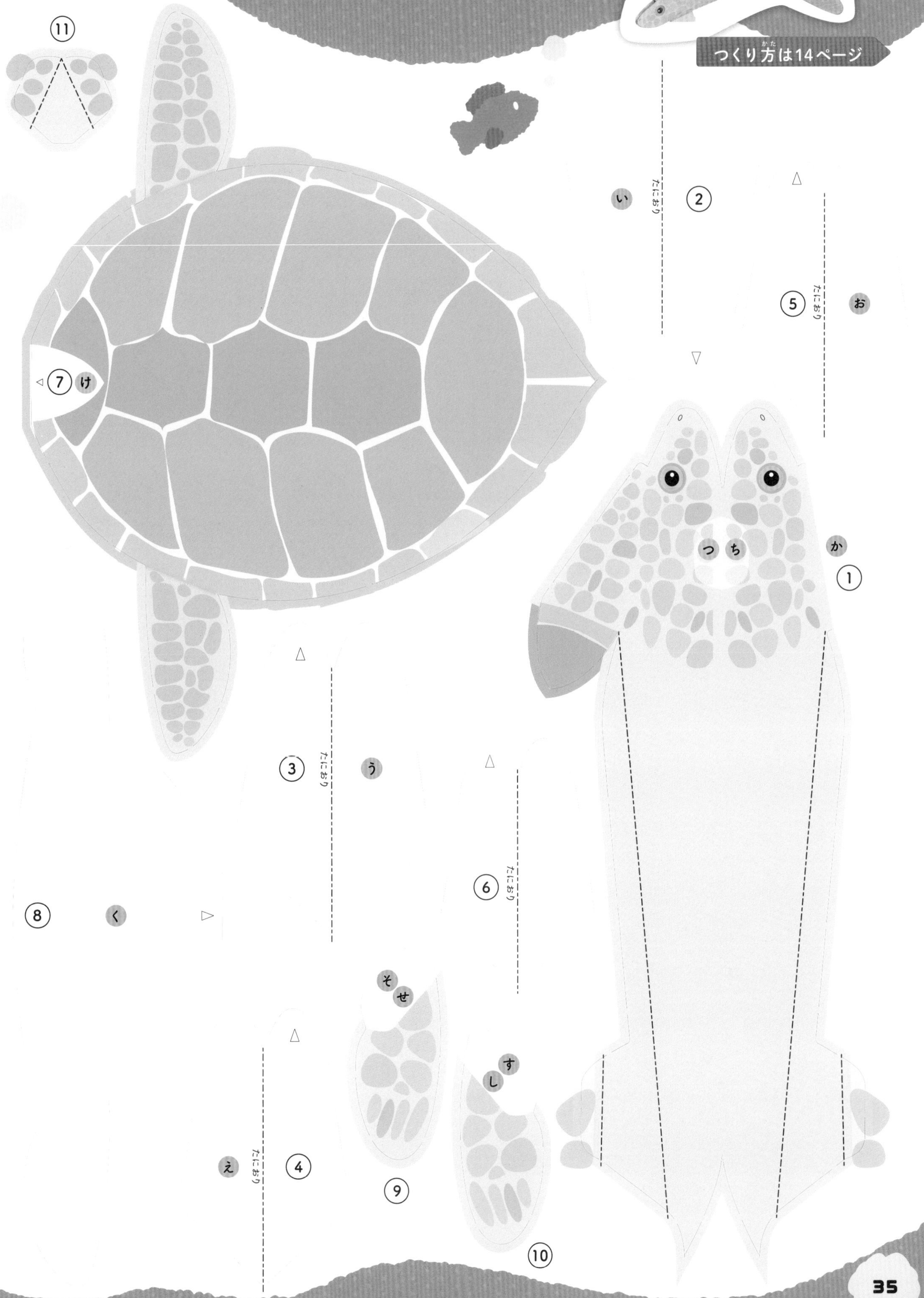
⑪
い
たにおり
②
⑤
たにおり
お
⑦
け
つ
ち
か
①
③
たにおり
う
⑥
たにおり
⑧
く
そ
せ
す
し
え
たにおり
④
⑨
⑩

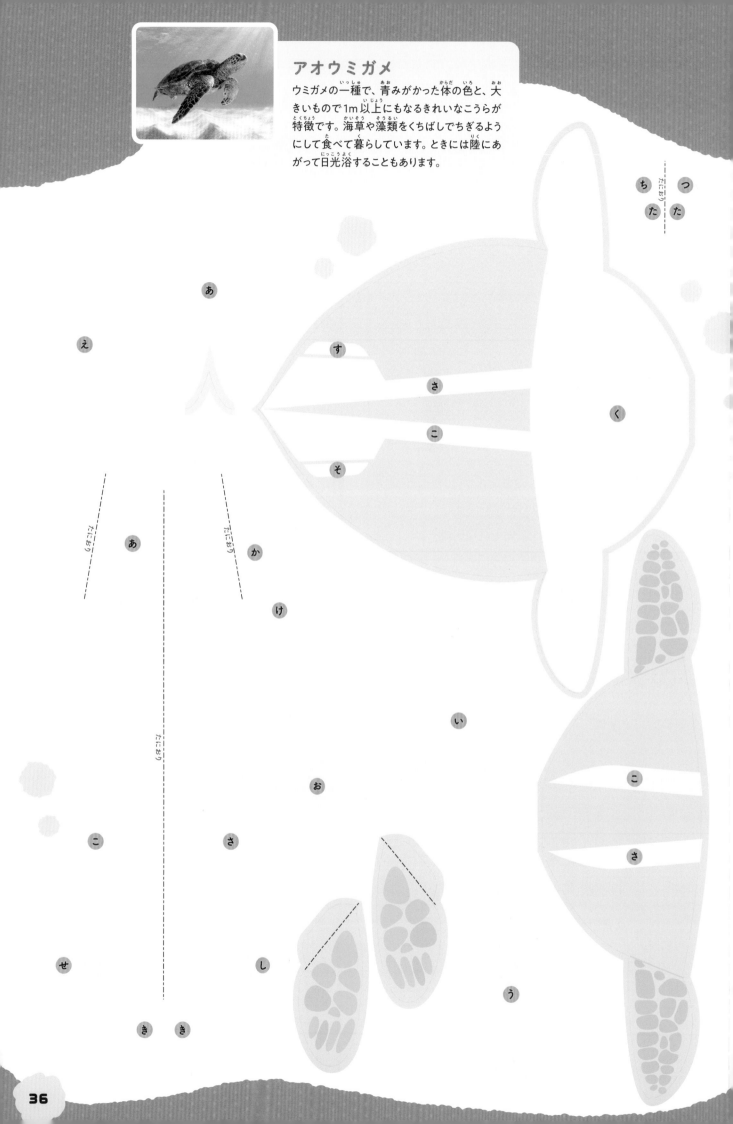

アオウミガメ

ウミガメの一種で、青みがかった体の色と、大きいもので1m以上にもなるきれいなこうらが特徴です。海草や藻類をくちばしでちぎるようにして食べて暮らしています。ときには陸にあがって日光浴することもあります。

つ
た
ちたにおり
た

あ

え

す

さ

こ

く

そ

たにおり

あ

か

たにおり

け

い

たにおり

こ

お

こ

さ

さ

こ

せ

し

う

き　き

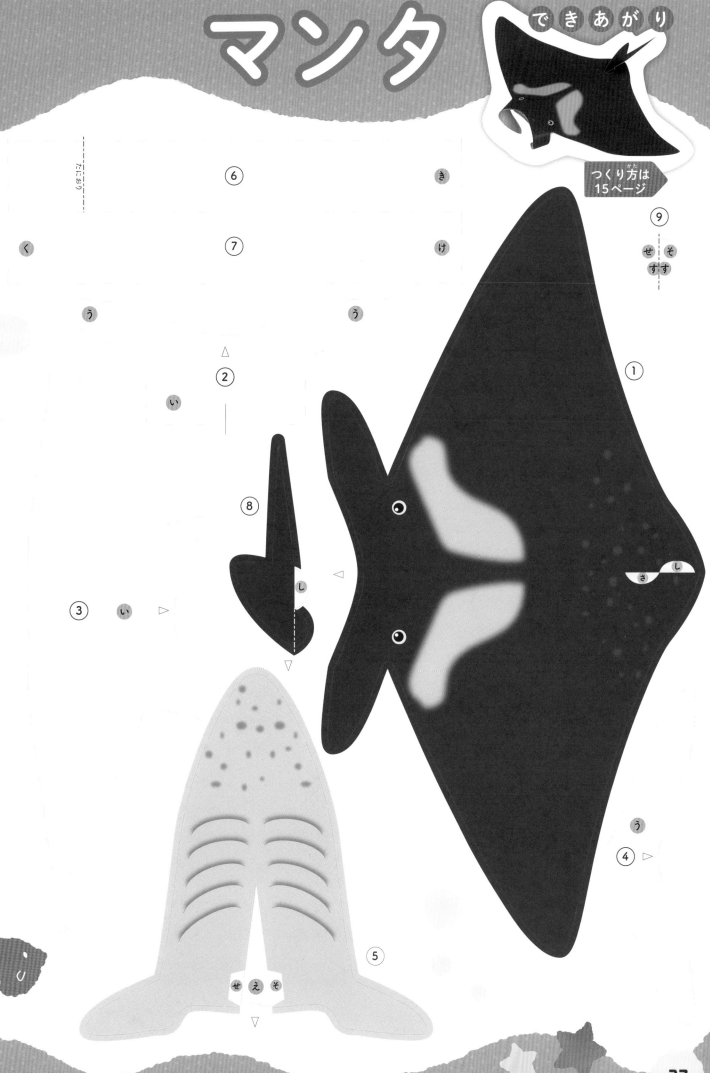

マンタ

できあがり

つくり方は
15ページ

ナンヨウマンタ

エイの仲間の中で最大級の種類で、インド洋や太平洋など、あたたかい海に
暮らしています。体は大きいですがじつは小さなプランクトンをエサにしてい
て、頭のヒレを伸ばして口に流しこむようにして食べます。

タツノオトシゴ

ヘリコプター
バージョン

くるくる回るよ

できあがり

つくり方は
16ページ

グライダー
バージョン

水平に滑空するよ

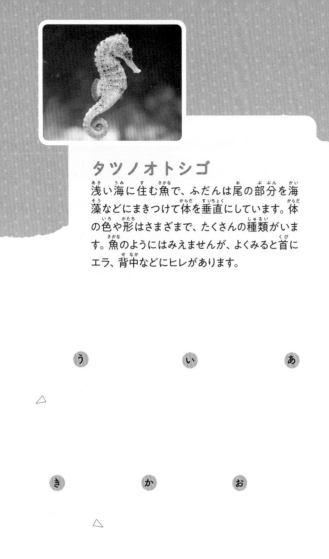

タツノオトシゴ

浅い海に住む魚で、ふだんは尾の部分を海藻などにまきつけて体を垂直にしています。体の色や形はさまざまで、たくさんの種類がいます。魚のようにはみえませんが、よくみると首にエラ、背中などにヒレがあります。

え こ さ く さ

う い あ

え

き か お

つ て

し

た つ せ す

そ

ヒトデ

できあがり

つくり方は17ページ

② い ③
う
つ ち

④ え

⑤ お

⑥ か

⑦ き

⑧ く

⑨ け

⑩ こ

⑫ し

⑪ さ

⑬ す

⑭ ⑮

⑯ ち つ
た た

①

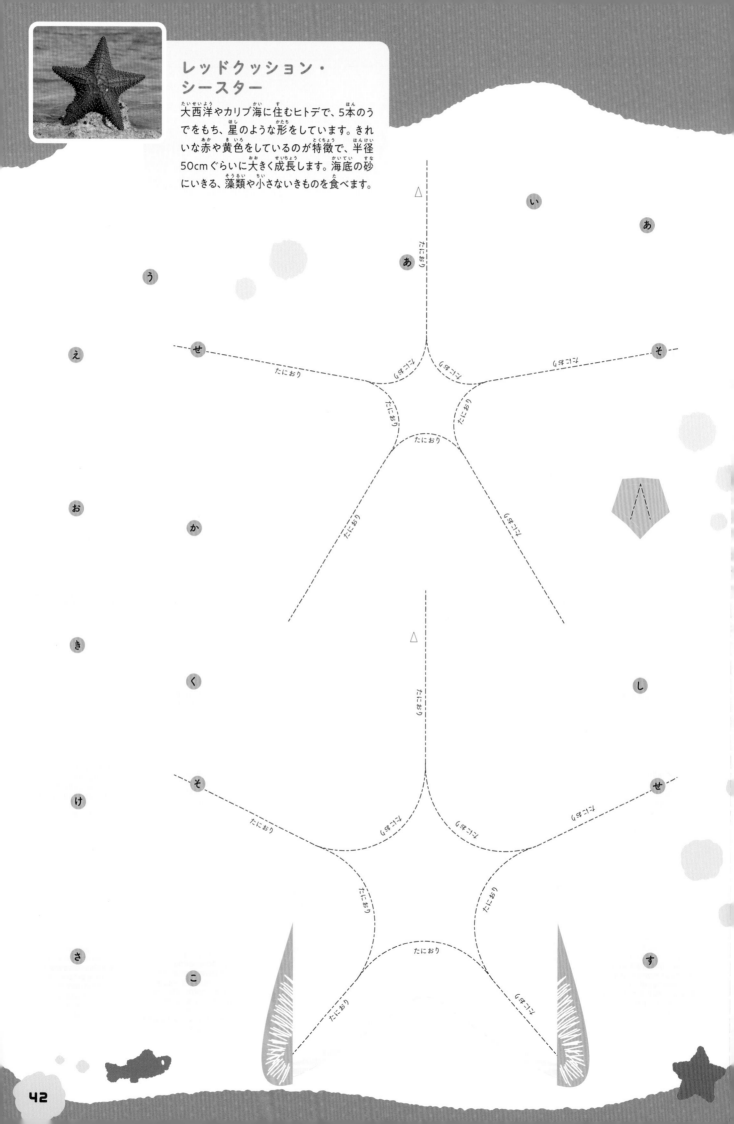

レッドクッション・シースター

大西洋やカリブ海に住むヒトデで、5本のうでをもち、星のような形をしています。きれいな赤や黄色をしているのが特徴で、半径50cmぐらいに大きく成長します。海底の砂にいきる、藻類や小さないきものを食べます。

カエル

でき あ が り

つくり方は
18ページ

⑦

⑫

⑩ ち つ

⑪ て と

① あ い
な に
お の
か
ね

△
さ ▷
⑧
②
う え

⑨ ◁
こ
⑥ ▷
け
⑤ ▷
く
④ ▷
③ ▷

トビガエル

おもに東南アジアに暮らしているアオガエル
の仲間です。長い指には大きな水かきがつい
ていて、指を広げると扇のようになります。体
を平たくし、風の力やうく力を使って、森の中
で木から木へとびうつることができます。

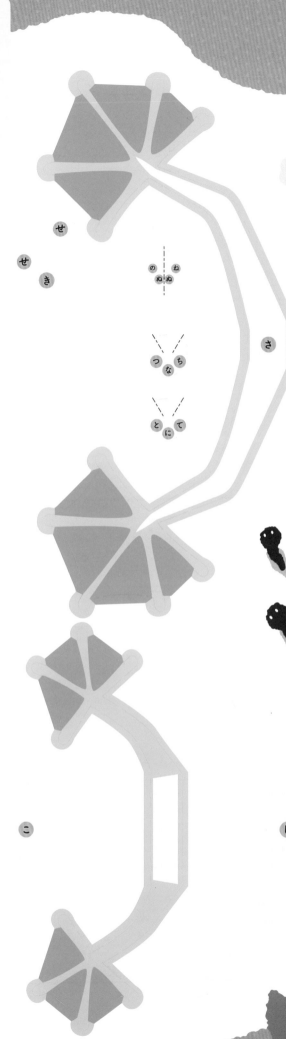

せ

い あ

せ

せ

お す す せ き

の ね
ぬ ぬ

か

さ

し

き

つ な ち

と に て

う
え

そ そ た た

く け こ し

エビ

できあがり

つくり方は19ページ

⑬

⑫

⑪

① ぬ

② い

③ う

④ え

⑤ し す

⑥

⑨ に

⑩ ね の

⑦

⑧ き く

⑭ ほ ま へ へ

とな つ △ て

た ち

せ そ

し す

とな つ △ て

た ち

せ そ お

し す

し

こ さ

こ さ

ひ

あ

か

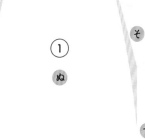

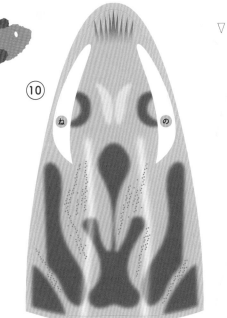

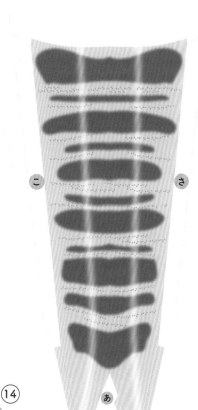

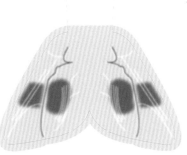

クルマエビ

日本に近い海やインド洋、太平洋に暮らす食用エビ。昼は砂やどろでできた海底にもぐっていて、夜にでてきて活動します。おなかを丸めたときにしま模様が車輪のようにみえることからこの名前がつきました。

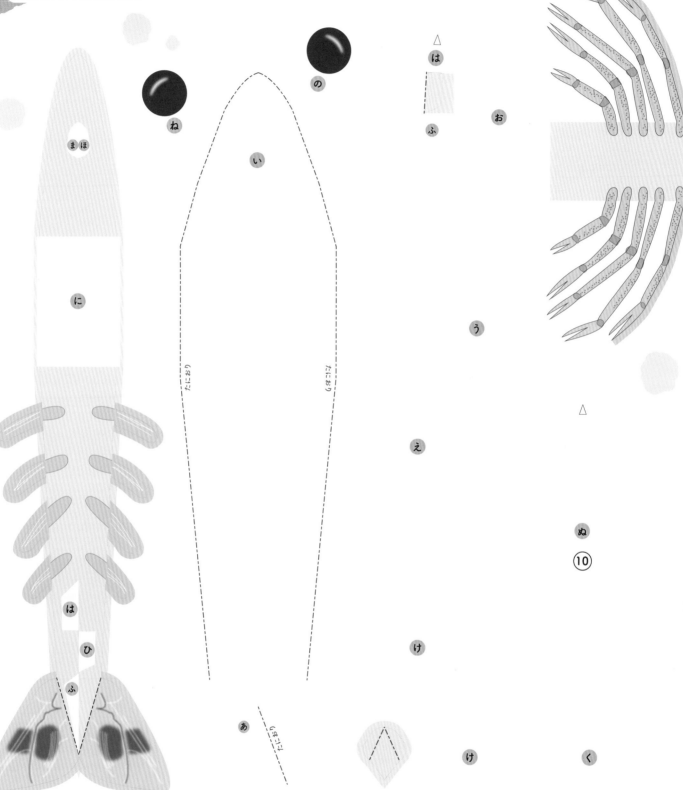

マンボウ

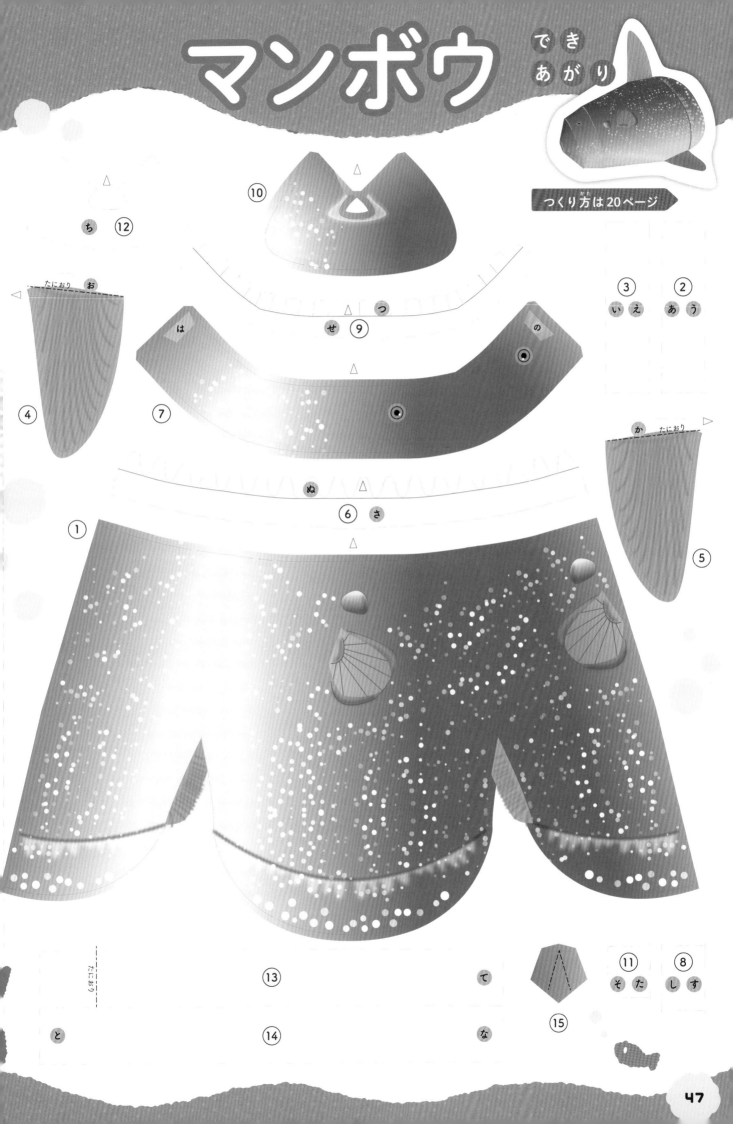

できあがり

つくり方は20ページ

⑩

ち ⑫

⑩

◁

たにおり お

④

は ③

せ ⑨ つ

⑦

の

③ いえ ② あう

か たにおり ▷

⑤

ぬ さ

⑥

①

⑬

て

そ た し す
⑪ ⑧

と

⑭

な

⑮

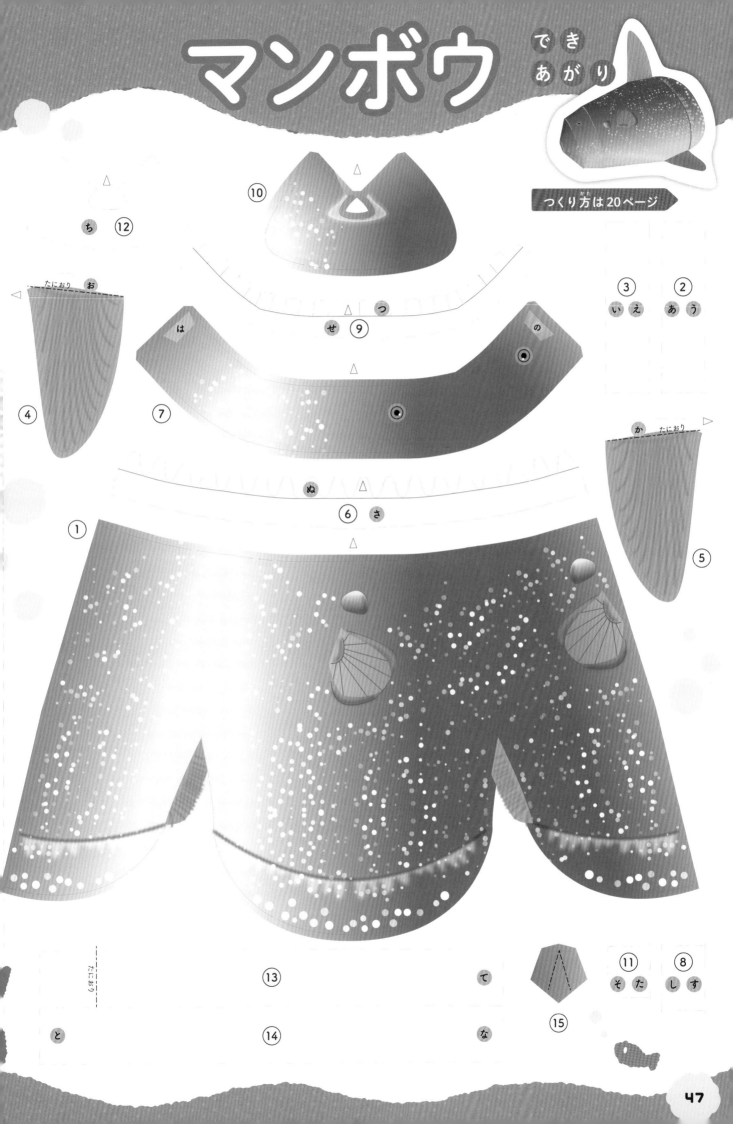

マンボウ

尾ビレのない不思議な形で知られるフグの仲間です。大きいもので3mぐらいまで成長します。あたたかい海に住み、クラゲ類のようなやわらかいものを食べます。ふだんはゆっくり泳ぎ、ときどき水面近くでよこたわってひなたぼっこをします。

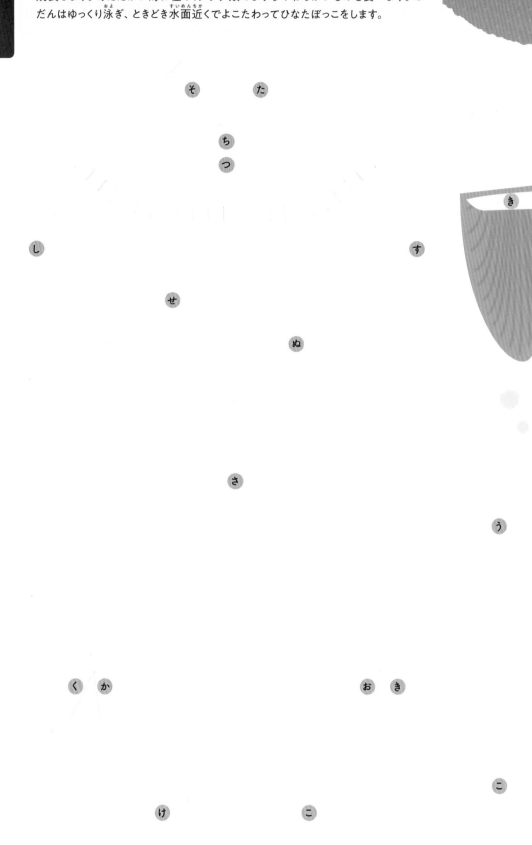

そ　　た

ち
つ

き

し　　　　　　　す

せ

く　　　　　　　　　ぬ

さ

あ　　　　　　　　　　　　　　　　　　う

く　か　　　　　　お　き

い　　　　　　　　　　　　　　え

け　　　　　　　　　　　　　こ

け　　　　こ

に　　　は　の　　　　　　と　て
　　　　ね

に　　　　な

ペンギン

できあがり

つくり方は22ページ

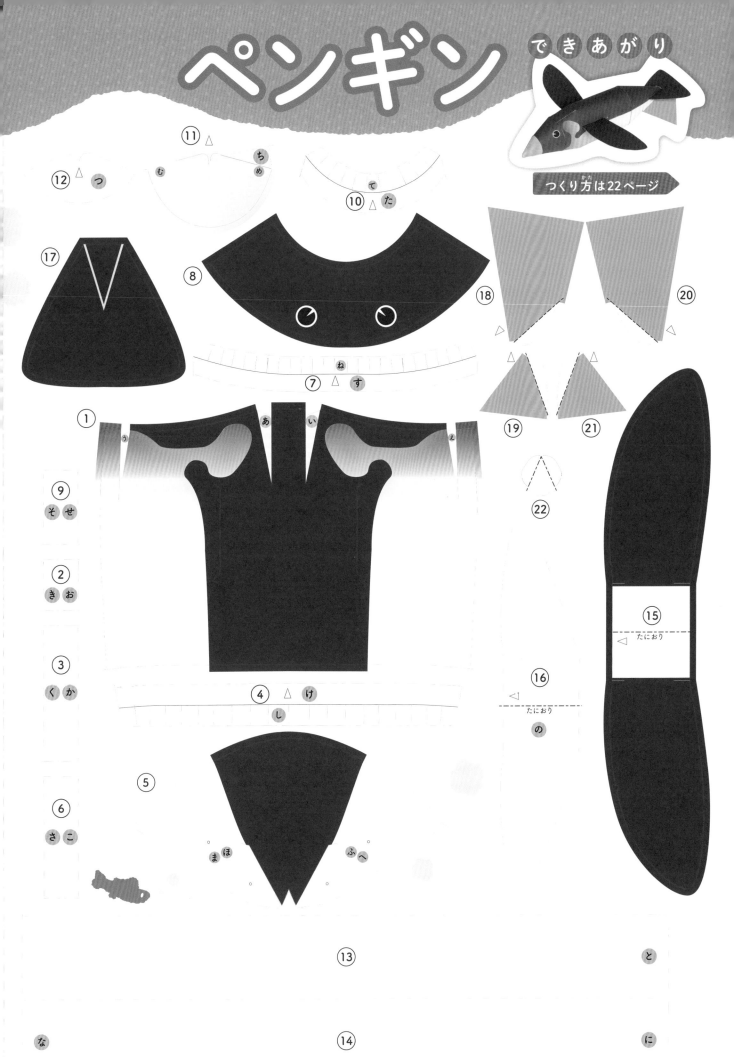

⑪ △

む　ちめ

⑫ △　つ

て

⑩ △　た

⑰

⑧

⑱

⑳

⑦ △　す

ね

①

う　あ　い　え

⑲

㉑

⑨

そ　せ

②

き　お

⑮

たにおり

③

く　か

④ △　け

⑯

たにおり

し

の

⑤

⑥

さ　こ

まほ

ふへ

⑬

と

な

⑭

に

49

コウテイペンギン

体長1m以上になる、ペンギンの中で最も大きい種類です。南極大陸に暮らしていて、寒さから体を守るために厚い羽毛でおおわれています。泳ぎが得意で、すいすいと水深500mぐらいまで、長い時間もぐることができます。

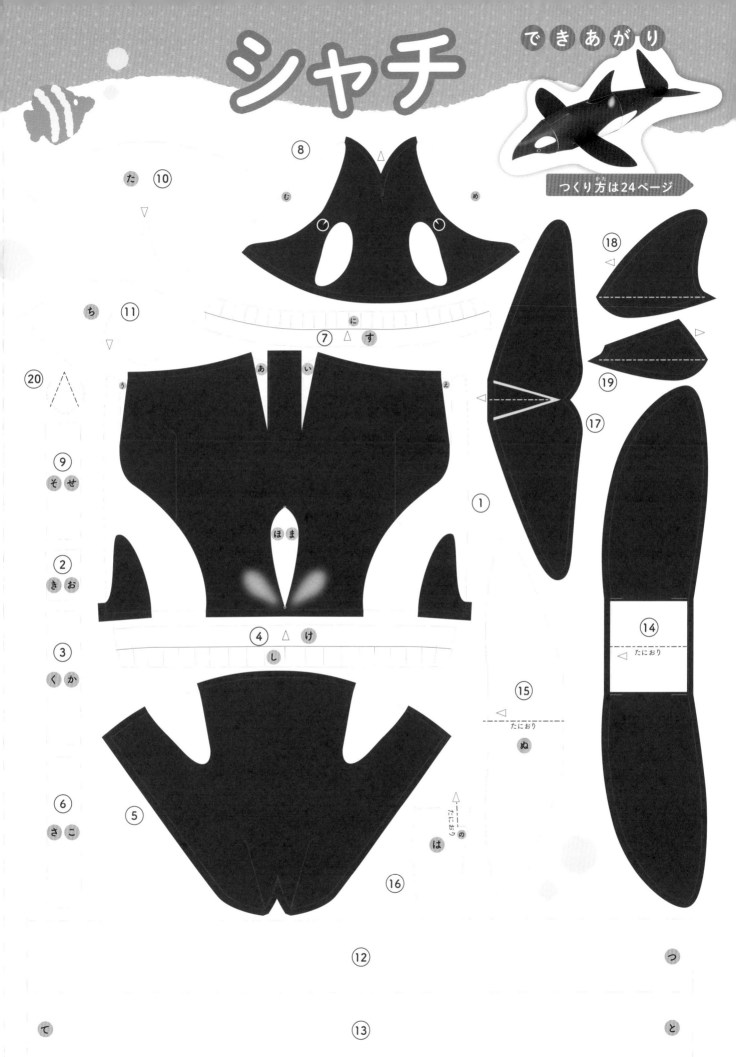

シャチ

つくり方は24ページ

シャチ

海で群れをつくって生活するほにゅう類。体の色が白黒にわかれているのが特徴です。海の王者とよばれるほどエサにする動物が多く、魚のほか、イルカやクジラ、オットセイやアザラシなどを集団でおそって食べます。